El poder de Tu Espíritu

10 pasos para activar lo sobrenatural

Dr. Rosa Romero

DR. ROSA ROMERO

EL PODER DE TU ESPÍRITU

Autora: Dr. Rosa Romero

Obra: El poder de tu espíritu

Sello: Independently published

© Dr. Rosa Romero, 2023

Reservados todos los derechos.

Ninguna parte de este libro puede ser reproducida total o parcialmente, ni almacenado en un sistema de recuperación y transmitida en cualquier forma o por cualquier medio, electrónico, mecánico, fotocopiado, grabación o de otro modo, sin el permiso expreso por escrito del editor.

GUSTAVO NAVOS

BIOGRAFÍA

DR. ROSA ROMERO

Soy una mujer multifacética con un doctorado en teología y dos licenciaturas, instructora en cosmetology y master coach.

Soy pastor principal de la Iglecia Unity Life Christian Church nombrada y reconocida profeta por la misma. Empresaria CEO de RyD Glamour.

Esposa del pastor Fredy González y madre de tres hijos, feliz y agradecida con Dios por permitirme desenvolverme en cada una de ellas de la mejor manera, y hoy agregándole a mi currículum en la mejor etapa de mi vida como escritora. Es verdaderamente poderoso alcanzar el máximo potencial de mí misma. Estoy orgullosa de que lo que Dios puede llevarme a niveles mayores con "El poder de tu Espíritu".

Vivo en Manassas en el estado de Virginia, USA. Nacida en El Salvador, emigré en el 1998. Y otro día les cuento mi historia, crie a mis hijos como madre soltera, después de tanto drama, escribimos 10 libros de todo lo que me ha tocado vivir. Hoy vivo la vida que siempre soñé.

AGRADECIMIENTOS

Gracias a Dios todopoderoso, nuestro señor Jesucristo, que me guio a través de su Santo Espíritu. Este libro es un esfuerzo y colaboración de los que están alrededor de mí.

A mi padre; Juan Pablo Romero que, aunque ya no esté con nosotros, sigue siendo la inspiración para alcanzar lo mejor de mí.

A mi madre María de Jesús Montiel, a quien amo con todo mi corazón y la honro a través de lo que Dios ha de hacer conmigo.

A mi amado esposo, el pastor Fredy González, a quien admiro por su amor, paciencia, fe y confianza que tiene en mí, es mi compañero ideal e incondicional, nunca cuestiona ni pregunta y siempre está dispuesto a dar lo mejor de él en todo lo que se necesite.

A nuestros hijos, Joseph, Jason, Johann y Daniela, porque me permitieron estar ausente mientras trabajaba en este libro.

A mis hermanos y amigos, Gerson y Lilian López, por su colaboración financiera, soporte emocional y confianza que depositaron en mí para que publicara mis libros.

A Sandra Díaz, quién con mucho cariño y esfuerzo, leyó la versión de este manuscrito dando su tiempo con generosidad y devoción.

Maritza Díaz, con su apoyo incondicional, me mostró que puedo contar con ella para lo que necesite, que la obra de Dios sea expandida.

A todos los miembros de nuestra congregación, Unity Life Christian Church, el reino de Dios para las naciones. Por su apoyo y colaboración incondicional. Rodeándome de personas que están en el mismo sentir, le ha dado vida a mi segundo libro, El poder de tu Espíritu.

Agradezco a todos los clientes, amigos y familiares, que han colaborado de alguna u otra manera en adquirir este libro.

Gracias a cada uno de ustedes sin su colaboración no habría sido posible publicarlo.

PRÓLOGO

Quiero llegar al lector a un despertar del poder sobrenatural y los beneficios que tenemos al activar la inteligencia espiritual en nuestras vidas sin anclarlos a un mito o creencia personales, sino con demostración de su efectividad, poder experimentar sin limitantes todo lo que deseamos en nuestras vidas.

EL PODER DE TU ESPÍRITU

INTRODUCCIÓN

Este libro ha sido escrito con el propósito de hacer o causar en tu vida un impacto sobrenatural, activando en ti, el poder supremo que habita en nosotros, que no sea una escritura más, sino sea un despertar al llamado a la acción que puedas permitir que te transforme desde tu interior hasta tu exterior.

Si le permites al espíritu que se active sobrenaturalmente, provocado a través de tus pensamientos, hechos y decisiones, comprendiendo que lo que el hombre piensa dentro de él, eso es el hombre, entenderás la importancia de cambiar tus creencias y tus acciones y que, de forma simple, produce grandes cambios, pequeños actos proféticos afirmaciones, palabras que se planten en el corazón, y acciones que corroboran lo que decimos.

Veremos nuestras vidas transformadas e impactadas y no solamente nosotros, sino todo lo que nos rodea, si tú cambias todo lo que está alrededor de ti cambiará. El activará en ti tu suficiente, y todo alrededor de ti sabrá que eres suficiente

Tu vida será tan diferente y mucho mejor, siendo tan positivo que impacte tu carrera, relaciones, bienestar, tus niveles de espiritualidad y prosperidad.

EL PODER DE TU ESPÍRITU

CONTENIDO

PASO 1: REVELACIÓN DEL CIELO 1

CAPÍTULO 1: EL PODER DE LA CUARTA DIMENSIÓN 5
CAPÍTULO 2: EL PODER DEL PERDÓN..7
CAPÍTULO 3: EL MISTERIO DEL PODER... 10
CAPÍTULO 4: DIOS TIENE MUCHO MÁS PARA TI 11
CAPÍTULO 5: ACTIVACIÓN DE LO SOBRENATURAL EN SU VIDA 12

PASO 2: EL PODER DEL CUMPLIMIENTO AL PROPÓSITO............................. 17

CAPÍTULO 6: TU MEJOR VERSIÓN 20
CAPÍTULO 7: RECONOCER SI ESTÁS BLOQUEADO O ESTANCADO 23
CAPÍTULO 8: NO SUBESTIMES SU PODER 28
CAPÍTULO 9: EL PODER DE UN PROPÓSITO DEFINIDO 30
CAPÍTULO 10: EL PODER DE UN PLAN ORGANIZADO 31

PASO 3: EL PODER SOBRENATURAL DEL ESPÍRITU ESTÁ CON USTED 35

CAPÍTULO 11: PALABRAS QUE CAMBIAN SU VIDA 40
CAPÍTULO 12: VUELVE A REPROGRAMAR TU MENTE 42
CAPÍTULO 13: EL PODER DE SUS PALABRAS 44
CAPÍTULO 14: EL PODER DE SUS PALABRAS 46

PASO 4: SUPERA TUS LÍMITES... 49

CAPÍTULO 15: LO QUE USTED CREE SER 53
CAPÍTULO 16: CONVIÉRTASE EN LO QUE CREE 56
CAPÍTULO 17: SEA FELIZ CON QUIEN USTED ES 58
CAPÍTULO 18: DESARROLLA UNA IMAGEN PROPIA Y SANA 62
CAPÍTULO 19: TEN EL CONTROL DE QUIEN ERES 64

PASO 5: MANTENTE FIRME CONTRA LA ADVERSIDAD 67

CAPÍTULO 20: DESPUÉS DEL DESIERTO 73

CAPÍTULO 21: EL PODER DE LA PERSEVERANCIA 76

CAPÍTULO 22: EL PROPÓSITO DE LAS PRUEBAS 78

CAPÍTULO 23: CONFÍA EN DIOS CUANDO LAS COSAS NO VAYAN BIEN 81

CAPÍTULO 24: EL PODER DE LA RESILENCIA 83

PASO 6: DEJA ATRÁS EL PASADO 89

CAPÍTULO 25: ARRANCA LA AMARGURA 95

CAPÍTULO 26: SANA LAS HERIDAS EMOCIONALES 97

CAPÍTULO 27: SANA LAS HERIDAS EMOCIONALES 102

CAPÍTULO 28: EL PODER LA DECISIÓN 103

PASO 7: LA DEMOSTRACIÓN DEL PODER DE SU ESPÍRITU 107

CAPÍTULO 29: UN ENCUENTRO SOBRENATURAL 111

CAPÍTULO 30: BUSCANDO ENCUENTROS DIVÍNOS 113

CAPÍTULO 31: CÓMO SER GUIADOS POR EL ESPÍRITU 115

CAPÍTULO 32: EL PODER DEL AGRADECIMIENTO 119

PASO 8: LA FE, LA MONEDA DEL CIELO 123

CAPÍTULO 33: CÓMO SE GASTA LA FE 127

CAPÍTULO 34: LA FE ES TOMAR ALGO DEL FUTURO 131

CAPÍTULO 35: NOS PERMITE PERMANECER EN LO SOBRENATURAL 132

CAPÍTULO 36: LA ESPERANZA Y LA FE, PUENTE DE CONEXIÓN 135

PASO 9: VIDA SIN LÍMITES 139

CAPÍTULO 37: ALCANZA TU MÁXIMO POTENCIAL 145

CAPÍTULO 38: EL PODER DE UN DESEO ARDIENTE 147

CAPÍTULO 39: EL PODER DEL COMPROMISO 149

PASO 10: EVOLUCIÓN DE LA CONCIENCIA 153

CAPÍTULO 40: EL PODER DE NUESTRAS CREENCIAS 158

CAPÍTULO 41: EL PODER DE TU ESPÍRITU 161

CAPÍTULO 42: ALCANZANDO EL MÁXIMO POTENCIAL 164

CAPÍTULO 43: DE LO NATURAL A LO SOBRENATURAL 165

CAPÍTULO 44: SÉ EXTRAORDINARIO 167

REDES SOCIALES 171

EL PODER DE TU ESPÍRITU

Paso 1: Revelación del cielo

DR. ROSA ROMERO

PASO 1: REVELACIÓN DEL CIELO

La revelación del cielo es un descubrimiento o manifestación de algo secreto, oculto o desconocido. El descubrimiento y revelación de secretos e informaciones relativas a las defensas está penado por la ley, por lo que tenemos que ser cuidadoso o prudentes, no siempre que te sea revelado algo es para que lo divulgues.

En la traducción bíblica, la manifestación de Dios a los hombres de cosas que estos no pueden saber por sí mismos; simplemente es la forma en que Dios usa para comunicarse con los humanos, de manera simple y entendible con cada uno, a quienes quiere dar su revelación. Y nos sirve para complementar el propósito que él tiene en cada uno de nosotros, de esta manera podemos estar seguros de que estamos caminando es el lugar correcto, porque él mismo nos está llegando de forma clara y segura, a través de las revelaciones y visiones

¿Cómo podemos usarlo?

Primeramente, entendiendo cómo funciona y qué es para que busquemos siempre en tener una revelación y esperando su respuesta para obrar o comenzar en lo que estamos buscando. Lo podemos usar para todo, siempre y cuando lo dejemos fluir en nuestro ser, en todo momento en todo lugar y en todo lo que deseamos hacer; cuando se me fue revelado el versículo de Salmos 23:1 Dios es mi pastor y nada me faltará.

Y en ese tiempo me hacía falta todo en mi vida, estaba en una situación de pobreza, miseria y escasez que no tenía, trabajo, familia o amigos, que me pudieran ayudar. Me di cuenta de que uno puede saber el versículo, puede repetirlo, puedes escribirlo, pero si no se te ha dado a conocer el secreto que está en él, como una revelación divina de parte de Dios que puedas entender lo que significa.

Desde ese momento que se me fue revelado que Dios tiene que ser mi pastor y que tengo que oír la voz de él y obedecer, entonces la revelación divina toma vida, pasa a la acción de una manera sobrenatural. Por muchos años de mi vida había oído ese versículo lo había leído lo había escrito y es muy común verlo en las paredes de los hogares cristianos, pero no se les ha revelado lo que desde el cielo está para bendecirnos y dirigirnos en la vida conforme al plan divino de nuestras vidas.

En algunas ocasiones las revelaciones son diferentes, no simplemente pueden ser visiones claras, sueños, éxtasis o alteración del consciente, sino que podemos encontrar en formas simples en las cosas naturales también la revelación está vigente y disponible en la mayoría de veces las respuestas son sobrenaturales, pero el espíritu siempre quiere manifestarse de manera natural para que el hombre tenga acceso sin ningún límite para poderlo usar, porque el propósito de nuestro creador es que nosotros usemos ese poder sobrenatural que está dentro de nosotros. Y opera en diferentes áreas en nuestras vidas es:

En las áreas de sanidad y milagros se llama fe.

En el área de la guerra espiritual se llama fuerza.

En el área de las finanzas se llama riqueza.

En el área de las leyes espirituales se llama autoridad.

En el área territorial se llama dominio.

Debemos estar atentos a cada señal por insignificante que parezca, todo está relacionado con las revelaciones de Dios. Él siempre quiere darle a conocer a sus hijos lo que sucederá, especialmente en nuestras propias vidas.

CAPÍTULO 1: EL PODER DE LA CUARTA DIMENSIÓN

La tercera dimensión corresponde con el mundo material, la cuarta dimensión incorpora la parte espiritual del alma humana.

Si nos encontramos en el tercer nivel de conciencia del yo, entendemos el mundo y a nosotros mismos a partir de la transferencia, altura, anchura y profundidad.

Nos referimos a las dimensiones que tienen que ver con nuestra evolución espiritual, que no son lugares en sí, sino estados de conciencia. Cuando se dice que alguien está en la cuarta o la quinta dimensión, quiere decir que aun estando en el mismo sitio físico puede recibir más visión o conocimiento o menos aspectos en la realidad.

La cuarta dimensión es el lugar donde se da lugar a ver lo sobrenatural usando lo natural. Es la atmósfera que se presta para ver las cosas que sobrepasan el entendimiento humano en las cosas naturales. Es donde se ven los milagros, las sanidades, las liberaciones, las soluciones a lo que para nosotros es imposible sin que las podamos entender o explicar; es el mejor lugar para vivir, una vez entrando en él no queremos salir nunca de ahí y nuestro deseo es que todos y cada uno de los seres humanos alcance este máximo potencial del ser humano, quedarse ahí para poder encontrar un paraíso, o un lugar mejor para vivir, sabiendo que en este mundo con tantas dificultades, problemas, situaciones difíciles y muchos acontecimientos malos que están sucediendo, sería un lugar para reposar y tener la paz que sobrepasa todo entendimiento.

¿Cómo lo encontramos? Deseándolo con todo nuestro corazón y siguiendo cada uno de los pasos que en el poder de tu espíritu nos guía para llegarnos a Él. No es un misterio y tampoco es un secreto, pero sí es un camino que tenemos que seguir paso a paso cada día, día con día, sin apartarnos, perseverando, sin distraernos, ni dudando.

CAPÍTULO 2: EL PODER DEL PERDÓN

El proceso del perdón no implica dejar de buscar la justicia, ni defender tus derechos, sino que es la forma de desahogar tus emociones y sentimientos, poder continuar con tu vida, anhelos, sueños objetivos, metas y propósitos.

Como ya dijimos anteriormente que este es un camino que va paso a paso; uno de los primeros pasos importantes es el poder del perdón, ya que sin perdonar no se puede abrir la puerta de entrada a la cuarta dimensión, es allí donde se encuentra la atmósfera que abre la revelación de lo que deseamos o de las cosas que no conocemos.

Porque el perdón es el primer paso, como dice la palabra del señor, dice que él nos perdona como nosotros también perdonamos a los que nos hacen daño o nos lastiman, sería lo mismo decir que si nosotros no hemos perdonado tenemos un enemigo y si Dios no nos ha perdonado, Dios no puede abrir la puerta de sus atmósferas ni de sus revelaciones, de sus bendiciones ni de nada que venga de él, porque él dice en su palabra que él también nos perdona porque nosotros perdonamos.

Marc. 11:25 Si tienen algo contra alguien perdónense para que también su padre que está en los cielos les perdone ustedes sus culpas.

Yo entiendo muy bien lo doloroso que es para muchos perdonar, especialmente cuando hay cosas muy difíciles, sin embargo, es la única forma de abrir las atmósferas celestiales y entrar a lo sobrenatural cuando dejamos ir el dolor, la tristeza, el desánimo, la culpa, la pena, la lástima y, sobre todo, la frustración que nos causa haber sido lastimados, golpeados, traicionados, ofendidos o heridos de cualquier índole ya sea física, emocional o espiritual. Yo perdoné los abusos físicos y emocionales que me causó el adversario, usando a diferentes personas, perdoné a la persona que le quitó la vida a quien sería mi primogénito. Perdonar no fue lo más fácil, pero fue la mejor decisión que tomé. Entendí que no se trata de un sentimiento sino de una decisión

¿Qué es perdonar?

Perdonar es dejarlo ir, soltarlo que no te cause más dolor. Perdonar es un poder sobrenatural que solo el espíritu nos da ese convencimiento de que debemos depositar en él el control y renunciar a esa acción que nos causó tanto dolor.

No perdonar es una carga demasiado fuerte que no vale la pena y pasar por toda una vida quedándome en la pena, dolor, sufrimiento que causa por no perdonar.

Yo he logrado entrar en esa atmósfera espiritual que nos lleva a una cuarta dimensión donde vivir lo sobrenatural a transmutar el dolor en una experiencia que nos lleva a ser mejores personas, el vivir cada día en paz, armonía, gozo en plenitud y sobre todo en el máximo potencial de lo que Dios quiere que seamos en esta tierra.

¡Yo te invito a que si hay algo que también tienes que dejar ir hazlo ahora! Repite conmigo: Yo decido perdonar y olvidar el daño que me han hecho, te entrego señor este dolor y deposito mi confianza en que tu Espíritu Santo me ayudará a sanar mi corazón y si tienes que decirlo en voz alta lo que es, hazlo tómate tu tiempo, va a valer la pena, te prometo que después de dejarlo ir entrarás en una atmósfera de sanidad y liberación la atmósfera de la cuarta dimensión empezará a rodearte, empezará a abrazarte y sentirás algo diferente es el espíritu, ese espíritu que Dios ha puesto dentro de ti que se convierte en uno solo con el espíritu de tu creador.

El perdón es un cambio de pensamientos, emociones y conducta. Quién no ha sido herido por acciones o palabras de otras personas, tal vez uno de tus padres te criticó constantemente cuando crecías, un colega saboteó uno de tus proyectos, tu pareja te engañó o quizás tuviste una experiencia traumática como abuso físico o emocional a manos de una persona en quien confiabas. Estas heridas pueden dejar con sentimientos duraderos de enojo, confusión y amargura, hasta deseos de venganza. Pero si no aprendes a perdonar, quizás seas tú quien pague el precio más alto.

Al aceptar el perdón también podrás adoptar paz, esperanza, tranquilidad, gratitud y alegría, considera como perdonar puede guiarte el camino al bienestar físico, emocional y espiritual. Estos son algunos beneficios que puedes adquirir al perdonar, dejar atrás los rencores y la amargura puede dar lugar a una mejor salud y más tranquilidad y el perdón puede llevarte a

Relaciones más sanas y duraderas.

Mejor salud mental, emocional y espiritual.

Menos ansiedad, estrés, y hostilidad.

Presión arterial más baja.

Menos síndromes de depresión.

Sistema inmune más fuerte.

Mejor salud cardiaca.

Mejor autoestima.

Sabiendo todos estos beneficios sentirás en tu espíritu un buen motivo para perdonar y olvidar el mal que te han hecho incluyéndote a ti mismo, ya que es necesario en algunas ocasiones perdonarnos nosotros mismos, pues nos sentimos culpables por circunstancias que nos han lastimado.

CAPÍTULO 3: EL MISTERIO DEL PODER

Es lo que humanamente no podemos entender, pero existe misterios en el mundo espiritual, que tiene sus reglas, sus claves sus códigos secretos, que solamente al entender el misterio de cómo funciona el poder sobrenatural de nuestro espíritu conectado al Espíritu Santo de nuestro creador se pueden entender o por lo menos obtener el beneficio, es el poder del dominio propio, da fuerzas nuevas cuando no tenemos ninguna de levantarnos, fuerza cuando hemos creído es una fortaleza divina dentro de nosotros, en realidad no hay una ley que la identifique con exactitud, yo la llamo la Ley de la Naturaleza Divina que, aunque no entendamos con nuestros sentidos naturales como funciona podemos verla en el resultado final cuando se ha manifestado.

¿Cómo podemos beneficiarnos?

Activando nuestra fe, creyendo firmemente que lo que no entendemos, pero lo creemos lo podemos recibir, especialmente cuando estamos convencidos de que hemos activado nosotros mismos lo poderoso que Dios ha puesto en cada uno de nosotros.

Es un misterio cómo funciona, pero podemos testificar cuando ya hemos recibido su milagro. Una mujer de nuestra congregación fue diagnosticada con Alzheimer, sabemos que esa enfermedad no tiene cura en la ciencia humana ni puede solucionarse con cualquier medicina tradicional, y con este expediente en contra, en uno de nuestros servicios de oración de sanidad y liberación en nuestra Iglesia, esa noche al ser ministrada, recibió su sanidad completa.

Médicamente, pudieron diagnosticar su sanidad al ser diferente con el diagnóstico anterior con un 80 % de Alzheimer, y había desaparecido completamente, no se podían explicar ni había una forma científica de poder analizar lo que había sucedido, solamente sabemos que el poder sobrenatural del espíritu lo había hecho.

Son sus misterios en realidad muy difíciles de explicar, pero muy fácil de obtener el beneficio si paso a paso permitimos que se active en nosotros su poder. Constantemente, escuchamos diferentes opiniones o numerosos conceptos uno diferente al otro y es justamente por eso porque hay una manera diferente de interpretar, analizar o entender cómo funciona, es un misterio y a muchos no se les es revelado, y a los que buscamos, encontramos, la forma sobrenatural como obra, y como se manifiesta, y permanece, lo más importante es que si podemos creerlo, podemos tenerlo.

CAPÍTULO 4: DIOS TIENE MUCHO MÁS PARA TI

Y aquel que es poderoso para hacer todo mucho más abundantemente de lo que pedimos o entendemos según el poder que obra en nosotros, Efesios 2:20.

Somos merecedores de todo lo bueno, y Dios tiene mucho más para cada uno de nosotros independientemente si creemos que lo merecemos o no, él nos ama y quiere que estemos bien.

Dios tiene cosas guardadas especialmente para nosotros que lo creemos, lo esperamos, lo declaramos y sobre todo estamos seguros de que lo hará. Para que reconozcamos que él es Dios creador del universo creador de nosotros y que él nos sostiene con la diestra de su justicia. Piensa que en el universo hay todo ilimitado la casa de tus sueños el carro de tu sueño, la esposa o el esposo de tus sueños, el trabajo deseado, el negocio exitoso que esperas y cada una de esas cosas imaginables que cada uno de nosotros tiene en su corazón están ahí desde el momento que su espíritu lo pone en el deseo es porque el creador dice "Ya lo tengo preparado, está allí, solo necesitas pedirlo, está aquí dispuesto, solo debes abrir las manos para recibirlo" Esperando que vas a encontrar no solamente lo que estás pidiendo sino mucho más de lo que estás pidiendo porque lo mereces. las leyes divinas del espíritu es una llave para entrar en lo sobrenatural, y manifestar las riquezas abundantes

Santiago 1: 16 y 17 amados míos no erréis 17 toda buena dádiva y todo don perfecto desciende de lo alto del padre de las luces el cual no hay mudanza ni sombra de variedad.

CAPÍTULO 5: ACTIVACIÓN DE LO SOBRENATURAL EN SU VIDA

Practicando paso a paso cada una de las indicaciones que están escritas en este libro activaremos lo sobrenatural en nuestras vidas para poder ver el resultado de lo que esperamos.

La activación sobrenatural, el primer paso es la fe, esto te ayuda a andar, no solamente activarlo porque muchos de nosotros tenemos la activación, pero no andamos, siempre caminamos día con día en lo sobrenatural. Pablo dijo que ni mis palabras ni mi predicación fueron con palabras persuasivas de humana sabiduría, sino con demostración del espíritu de poder, para que vuestra fe no esté fundada en la sabiduría de los hombres, sino en el poder de Dios. 1 de Corintios 2:4-5

Lo sobrenatural incluye:

Moverse en los dones del Espíritu Santo.

Sanidad.

Echar fuera demonios.

Predicar el evangelio.

Obedecer al oír la voz de Dios.

Prodigios.

Oír, sentir, ver todo lo de Dios.

Señales.

Maravillas.

Profetizar.

Estos son los más reconocidos teniendo pleno conocimiento de que son ilimitados, porque la mayoría de las personas no se mueven en lo sobrenatural:

1. Por la falta de conocimiento

No quiero hermanos que ignoréis acerca de los dones espirituales, 1 Corintios 12:1.
La palabra ignorancia significa falta de un conocimiento funcional, muchos anhelan entrar en una dimensión sobrenatural, pero no tienen ningún conocimiento bíblico de cómo hacerlo, la falta de conocimiento destruye al humano alejándose de Dios.

2. La incredulidad. Estas señales seguirán a los que creen.

Qué señales. Sanar a los enfermos, echar fuera demonios, hablar nuevas lenguas y obrar milagros, estas señales siguen a los que creen, es decir, no a los que son incrédulos.

3. El temor a cometer errores.

Hay muchas personas que tienen miedo de cometer un error o de equivocarse, viven preocupadas por su imagen o por lo que las personas piensan de ellas, por esa razón no se atreven a moverse en lo sobrenatural, tenemos que aprender a movernos por fe cada vez que Dios te diga algo y sienta temor de hacerlo reprenda todo espíritu de temor, y empieza a moverte en fe.

4. El creerse indigno.

Muchos de nosotros creemos que Dios puede usar a otros menos a nosotros mismos, nos creemos indignos o que no valemos nada, que somos poca cosa, que somos pecadores y que el espíritu no nos puede usar por su gracia y favor sobre nosotros, él nos ha hecho dignos, debe sentirse digno porque Cristo nos ha hecho dignos y debe atreverse a caminar en lo sobrenatural.

5. Los espíritus de intelectualismo y racionalismo impiden a muchos a creer en el poder de su espíritu, razonan y analizan todo no teniendo una base científica y se bloquean para no recibirlo.

¿Qué debemos hacer para activarlo?, creer que Dios desea y quiere expresar lo sobrenatural, oír la palabra de Dios con fe para activar lo sobrenatural, y confiar con toda su mente alma, cuerpo, confesar con su boca, creer con el corazón y hacer una acción correspondiente para recibir lo deseado.

Paso 2: El poder del cumplimiento al propósito

PASO 2: EL PODER DEL CUMPLIMIENTO AL PROPÓSITO

Para las personas, el propósito es una inspiración superior a su propia vida. Es la llave de la reinvención, un norte claro que define a la persona como una parte integral de la sociedad en la construcción del éxito mutuo.

Cuando una persona logra entrar a ese propósito superior, todo lo que hace cambia para siempre, ya que existe un marco moral, espiritual y central que define sus intenciones.

Dios tiene un propósito divino general para cada uno de nosotros y tenemos que encontrar un propósito de vida que sirva como un canal, como una dirección, una vía para guiarnos.

Yo, personalmente, pienso que el propósito de mi vida me guía hacia mi objetivo, que es formar líderes que sean emocionalmente fuertes, espiritualmente poderosos, profesionalmente desarrollados y financieramente libres. Es como un mapa que te está guiando hacia el propósito de vida. Es decir, no es un lugar específico donde llegar en un cierto tiempo o determinado, sino todos los días alcanzar una meta pequeña estarás en el camino a tu propósito.

Jesucristo murió en la cruz del calvario enviado por nuestro padre celestial con el propósito divino de que todos aquellos que aceptemos a Jesucristo como nuestro señor y salvador seremos salvos, pero no termina todo ahí, tenemos que caminar día con día porque él es el camino la verdad y la vida, y no llegaremos al padre, sino que es por él. Tenemos que, constantemente, día con día, caminar en ese propósito. El propósito es salvarnos.

Un propósito determinado es un poder sobrenatural ya está hecho, pero caminamos constantemente hacia ahí, el poder de un propósito definido significa que usted sabe qué es lo que quiere y para dónde va y no apartarse de él en ningún momento porque no es un lugar hasta donde llegar, sino un estilo de vida.

CAPÍTULO 6: TU MEJOR VERSIÓN

No compitas con nadie, ser la mejor versión de uno mismo implica afrontar sus miedos, temores y sus anhelos, ponerlos en la balanza y trazar tu camino.

La mayoría de los humanos viven en resistencia y oposición a otros y sus experiencias de la vida misma para asumir la posibilidad de ser tu mejor versión. Es necesario poner exactitud puesta no en lo de afuera para asumir un profundo compromiso individual. Cuando te conectas con tu mejor versión, el final es un paso de trascendencia hacia otro plano, independientemente de lo que creas; puesto que tu obra te perdurará para esto, necesitas descubrir ejercer y reforzar tu manifestación de las habilidades internas con las que cuentas y transformarlas en legado mientras transmitas por el mundo desea en tu interior otro comportamiento frecuentemente es el querer obtener resultados distintos haciendo siempre lo mismo.

Pues esto no funciona, por cuanto necesitarás cambiar el rumbo o girar la brújula de tu vida apenas 1° para generar algo diferente. La mejor forma para lograrlo es animarse a buscar en tu interior, proyectando desde adentro la visión interna de quien quieres, convertirte y transformándola con hechos concretos desde la perspectiva de ser la mejor versión de uno mismo.

Es necesario también pensar en el bien común. La forma en que tus acciones impactan en el entorno directo e indirecto de tu vida. ¿Estás al mando de tu vida? Desde afuera hay muchas corrientes que intentarán controlarte, entre ellas, la religión, la política y los dogmas en general amparados en cierto formato de acompañamiento en tu desarrollo, quieren que sigas sus preceptos para que, al final, te conviertas en alguien bastante parecido a los demás, sería algo así como fabricar seres humanos en serie, ¿es esto lo que quieres para ti?

El ser la mejor versión de uno mismo no se compromete con ello si es lo que elige, sino que va más allá, eres libre de llevar adelante el mandato de tu vida. Básicamente, lo que quiero dejar en claro antes de entrar en materia es que llegar a nuestra mejor versión implica que debemos conocer qué mejor versión es esa y que debemos hacer para conseguirlo. Implica estar dispuestos a trabajar por ello y también conocer nuestras razones más poderosas para ponernos en manos a la obra.

Ahora ya lo sabes, la expresión "mi mejor versión" no define absolutamente nada en sí misma y, si realmente quieres alcanzarla, tendrás que definir qué significa para ti.

Una mejor versión de algo, por definición, tiene la misma esencia de lo actual, pero con ciertos cambios que lo hacen mejor. ¿Qué cambios son los que tú quieres ver? Porque esos cambios conllevan una mejor versión de ti, es importante que seas sincero contigo mismo y te enfrentes a la realidad tal y como venga, a veces es duro reconocer ciertas cosas, duele, no le resulta agradable y tratamos de evitarlo, pero es importante e imprescindible.

Por otro lado, una vez analizando los cambios que queremos ver, es conveniente entender las características que no queremos cambiar, esa parte de ti que te gusta, qué te parece esencial y que te ayudará en el camino por tus objetivos. Para cuidar de nuestra autoestima necesitamos tener presente todo lo que es nuestro ser.

No solo las cosas que queremos cambiar, sino también aquellas que nos gustan y nos definen, es decir que estamos buscando realmente en estos cambios.

Mayor seguridad en nosotros mismos, más productividad en el trabajo, una vida más ordenada, sentirte más feliz, tranquilo y sobre todo más bendecido. Una vez que tienes claro que es tu mejor versión y sabes cómo te sentirás cuando los alcances, tendrás que trazar un plan de acción que te lleva ellos. Qué es lo que qué vas a hacer, tu mejor versión implica estudiar, leer más, caminar todos los días, hacer mejor las cosas, ser más pendiente y comunicarte mejor cómo vas a trabajar en ello nadie mejor que tú sabes qué significa eso mejor versión y cómo vas a alcanzarlo, sin embargo, reconocemos que se repiten en todos nuestros caminos en los distintos objetivos.

CAPÍTULO 7: RECONOCER SI ESTÁS BLOQUEADO O ESTANCADO

Hay diferentes bloqueos, uno de ellos podría ser bloqueo mental como también puede ser un bloqueo espiritual, vamos a hablar ligeramente del primero.

Un bloqueo mental es una resistencia provocada por la negación de algo algún pensamiento o emoción, por lo tanto, es una especie de mecanismo de defensa que se pone en marcha automáticamente cuando nuestra mente quiere mantener alejados aquellas ideas o sentimientos que pueden perturbarnos.

El bloqueo mental se puede manifestar de diferentes maneras, pero la más usual es la sensación de no poder pensar con claridad, en esos momentos, nuestra capacidad de organizar los pensamientos baja considerablemente o no logramos solucionar problemas que en otras circunstancias habrían sido muy fácil. A menudo también se experimenta una sensación muy incómoda, ya que por mucho que nos esforcemos sentimos que no logramos avanzar. Esta sensación puede ser parcial y permanecer en periodos de gran estrés o cuando estamos muy cansados, pero también puede perdurar en largo tiempo como cuando hemos sufrido un trauma.

En esos casos, el bloqueo mental suele venir acompañado con un bloqueo emocional y se convierte en un obstáculo que nos impide, avanzar, generando emociones negativas como el miedo la tristeza el enfado o incluso la culpa. El problema es que cuanto más bloqueados estamos menos será nuestra capacidad de sentir y pensar con libertad, por lo que si no salimos rápido de esta de esta situación corremos el riesgo de caer en un círculo vicioso muy dañino.

Reconociendo los síntomas podemos hacer actos proféticos y liberarnos de cada trauma de cada bloqueo emocional, mental o espiritual que es importante reconocerlos.

Para poder desbloquearlos tenemos que disponernos no solamente a conocer el problema sino a resolver el problema en algunas ocasiones sentimos que hay una fuerza negativa, que no nos deja avanzar, pareciera una clase de demonización que no nos permite alcanzar nuestros objetivos pero muchas ocasiones, es solamente bloqueos mentales de situaciones que hemos vivido de momentos difíciles que nos han causado traumas psicológicos bajándose nuestra autoestima haciéndonos sentir menos sintiendo que somos indignos con lo que es peor dándonos una actitud de enojo de descontento de tristeza desánimo pérdida de control.

Estos bloqueos son causados por diversas razones con diferentes personas, para algunos algo grande puede ser pequeño y para otros algo insignificante puede ser muy grande y causarnos trastornos y bloqueos renunciemos a todos esos sentimientos desbloqueemos todo sentimiento pongamos en claridad nuestra mente y comencemos algo nuevo reconozcamos que en ese espacio somos los únicos que podemos hacer algo nosotros mismos auto liberarnos soltar todo resentimiento todo sentimiento diferente que no está en nuestros planes, por lo que nosotros queremos. nuestra mente hace lo que nosotros queremos que haga.

Queremos desbloquearnos, tenemos que ordenarle a nuestra mente que lo haga repitiendo, creyendo, confirmando y decretando que todo bloqueo se va a desaparecer porque solamente está en nuestra mente.

Dejando en claro que estoy hablando de bloqueos mentales no clínicos no hablo de esquizofrenia si casos clínicos que hay es un deficiente del cerebro. Hablo de bloqueos emocionales, espirituales y bloqueos provocados por traumas y no precisamente por un estancamiento espiritual.

Todo lo que nos ocurre se queda grabado en nuestra mente o memoria, aunque no siempre seamos capaces de acceder a esa información. Algunas veces cuando las situaciones han sido particularmente dolorosas desde el punto de vista emocional y no las hemos asumido o superado, el más mínimo detalle puede reactivar el bloqueo y confundirnos en un bloqueo mental inconscientemente.

Estás estancado en el mismo lugar y sientes que no estás avanzando, creciendo o logrando nada, eso es más común de lo que crees y la verdad incómoda, es que puede suceder en cualquier momento en la vida y en todo tiempo y en todas áreas, como las amistades las relaciones el trabajo y el éxito estar estancado no es literal, sino que se refiere a que dejaste de avanzar en el camino al éxito que ya no estás logrando nada no estás aprendiendo cosas nuevas y te encuentras en el mismo lugar de siempre, a pesar del esfuerzo y los intentos por cambiar.

Esto puede ser muy frustrante y te deja atrapado en un ciclo que evita que puedas ver la manera de salir de eso para poner las cosas en movimiento nuevamente. Conocer la razón del problema nos ayudaría mucho a resolverlo porque es importante, no solamente tratar de resolver la situación sin resolver lo que causó la situación vamos a profundizar en eso ya que quiero que entiendas que tienes que empezar a dar pasos correctos incluso si son más pequeños o más grandes lo importante es que empieces a caminar a mover los pies hacia donde tú quieres llegar debes tener un plan una vez que conozcas la causa del problema y que sepas a dónde quieres llegar entonces es momento de crear un plan de acción con lo que puedes tener una idea clara de qué es lo que estás haciendo, pero también para que puedes ir midiendo y evaluando tu progreso así puedes darte cuenta de si necesitas hacer más o vas por buen camino no dejes de cuidarte esto es más importante de lo que crees y se refiere a cosas como cuidar tu salud, alimentación, horas de sueño y hasta la apariencia.

Es probable que seas más productivo y que trabajes mucho mejor si te sientes bien, y cuando no tienes niveles de estrés descontrolados, así que mientras intentas avanzar y recuperar el camino también debes poner atención a tu cuerpo y mente.

Repetidas veces asimilamos el estancamiento a cosas espirituales pero a veces solo son cosas sencillas que podemos hacer y avanzaremos con pequeños pasos a lugares extraordinarios si en todo este análisis han encontrado que solo son cosas similares que todos los seres humanos vivimos, no lo personalicemos haciéndonos sentir que hay una posesión demoníaca oponiéndose a nuestra meta a nuestro éxito sobre todo contra nuestras vidas, ordenemos estas dos áreas y entonces reconoceremos con mucha facilidad cuando hay una posesión demoníaca y cuando el estancamiento o el bloqueo está siendo creado por algo o alguien, por una fuerza espiritual demoniaca.

Teniendo en claro lo que son bloqueos y estancamientos vamos a dar un avance en lo que son ataques espirituales. Quiero decirles que los espíritus, demonios o ángeles caídos o cualquier otra forma en que le llamen, ellos no estancan, no bloquean, en este capítulo ellos atacan y cuando digo atacan se refiere a una guerra espiritual.

Ellos constantemente están queriendo matar, destruir, robar y sobre todo alejarnos del propósito que Dios tiene con nosotros. Si lo sabemos identificar sabremos cómo evitarlos, si ya tenemos en cuenta y entendimos que mis bloqueos han sido creados por mi propia manera de ver las cosas por mis emociones o mis sentimientos han sido un resultado y hoy estoy estancada y no avanzo en el ministerio, trabajo, matrimonio, negocio, relaciones o en cualquier área de la vida reconoceré en el momento en que estoy recibiendo un ataque espiritual por qué si tengo todo ordenado y sé muy bien dónde está cada cosa y si alguien toca algo que está ahí yo sabré que alguien lo toco es igual en la vida espiritual sí sé que emocionalmente controlo mis emociones controlo mis sentimientos estoy consciente de cada acción y me comprometo en cada decisión y tomo responsabilidad de cada cosa que hago.

Cuando siento algo, ya sea un sentimiento o sea un pensamiento que no va en acorde, que no está en el alineamiento de lo que yo soy sabré que es una influencia demoníaca que ha puesto en mi mente un pensamiento que va en contra de lo que yo creo o en contra de lo que yo estoy haciendo, la mejor recomendación es identificar para poder resolverlo.

Para los bloqueos utiliza actos proféticos, medita, busca resolver tus emociones y piensa correctamente. Tu problema se resuelve con constancia y perseverancia, si estás atascado, por causa espiritual necesitamos espíritu santo para intervenir, será guerra espiritual, aquí si necesitas sacrificio y compromiso, y posiblemente necesites de una guía espiritual, de un profeta o ministro autorizado para hacer liberación. Yo recomiendo que seas muy cuidadoso en esto ya que no es juego.

CAPÍTULO 8: NO SUBESTIMES SU PODER

En este capítulo entraremos en aguas más profundas. Para tener un alto conocimiento del poder que subestimamos y que al hacerlo tenemos menos resultado de lo que estamos esperando. Sabemos que subestimar significa dar a una persona o a una cosa menos valor del que verdaderamente tiene o le corresponde. Como creyentes, subestimar a dios es dedicarle escasos minutos al día a tener una lectura bíblica sin sentido, gusto o reflexión y creer que hemos cumplido una tarea más. Que poca importancia si trato de conocer más a ese Dios que digo amar y pregunto cómo se puede amar a alguien que no conozco bien, si cada uno de los creyentes entendiéramos que Dios es un Dios de amor, pero no por lo que escuchamos sino porque nosotros mismos lo hemos descubierto a través de la lectura de su palabra y en el tiempo que le dedicamos por amor a él, además subestimar a Dios es: es vivir sin temor a él cada día que pasa muchos de nosotros estamos viviendo vidas pecaminosas tal y como si jamás hubiésemos dicho que aceptamos el regalo de la salvación.

Vemos a Jesucristo como salvador, pero no como señor, no estamos crucificando la carne como lo hizo el apóstol Pablo, sino que más bien estamos dando rienda suelta a las mentiras, al adulterio, al chisme o levantando falso testimonio, a la fornicación, a las pasiones, en otras palabras, no estamos peleando la buena batalla de la fe, porque no estamos considerando que Dios es santo.

Estamos pasando por alto el hecho de saber que Dios es justo y que pagará a cada uno conforme a sus obras, que Dios es fuego consumidor, Dios es celoso que no permite que pongamos algo antes que él. De la misma forma, subestimamos el poder del espíritu, entendiendo que el espíritu santo de Dios mora en nosotros para que se active en el espíritu de nosotros, siendo nosotros espíritu, alma y cuerpo, nuestro espíritu humano se une a ser uno solo con el espíritu de Dios.

Algunos activan otros espíritus para ser poseídos por ello alguno los hacen consciente pagando hechizos y pactos satánicos para activar espíritus demoníacos, según ellos para tener poder o controlar a los demás, o para tener algo en particular, otros lo hacen inconsciente simplemente se dejan influenciar de espíritus que están alrededor de ellos, quisiera decir que si no quieres el espíritu de Dios gobernando en tu vida para que te dé poder, autoridad, dominio, favor, gracia y todas esas cosas ilimitadas podrías quedarte sin ningún espíritu.

Recordemos que hemos sido diseñados desde el principio para estar conectados a nuestro creador. Es la desobediencia la que nos desconecta, trayendo a nosotros espíritu de muerte. No subestimemos el poder que está dentro de nosotros, activemos el poder sobrenatural de nuestro espíritu conectándonos al espíritu de nuestro creador. Con facilidad entendemos que tenemos poder en la mente y hay muchos buenos libros escritos acerca de eso, yo misma considero que tenemos poder en la mente, pero la mente solamente es un canal por donde el espíritu trabaja. La mente es una máquina programada a ejecutar con lo que ha sido programada, pero el Espíritu es el programador.

Haz tú lo imposible y deja que Dios haga lo imposible.

CAPÍTULO 9: EL PODER DE UN PROPÓSITO DEFINIDO

Hemos mencionado anteriormente lo importante de un propósito, lo esencial que es para vivir pero hoy activaremos el poder del propósito definido un propósito definido es determinación firme de hacer algo el objetivo que se persigue tenerse alcanzar el propósito de este tratado es impulsar el conocimiento del ser humano primeramente define su propósito en la vida es la razón por la que te levantas en la mañana aquellas motivaciones que te dan el sentido de dirección y significado a la propia existencia como encontrarlo.

Si aún no lo tienes te explicaré cuáles son los propósitos y en qué se diferencian a los objetivos, los propósitos son personales y de vida con la palabra propósito generalmente nos referimos en el sentido de la intención con que desempeñamos una tarea, es decir, la finalidad con la que emprendemos una acción ya sea un trabajo, una inversión, una rutina nueva o la vida misma en ese último caso. El propósito de la existencia, o sea, el para que estemos en el mundo, es uno de las preguntas y cuestionamientos fisiológicos más antiguos y difíciles de responder que existen si bien estos dos tengan a asimilarse o confundirse.

En realidad podemos tener conceptos diferentes, llamamos objetivos a las metas que nos hemos trazado de antemano y que sean concretas, medibles y alcanzables de modo que podamos adaptar nuestra metodología de conseguirlas, mientras que el propósito solemos referirnos a lo mismo pero haciendo hincapié a la intención, o sea la planificación del objetivo, dado que un propósito puede ser alcanzable, siempre y cuando lo tengamos definido intentamos exactamente qué es lo que queremos creamos un plan y a la creación de nuestro plan se nos da una meta para llegar paso a paso hasta lo que hemos deseado. P

ara muchas personas un propósito de vida puede ser ayudar al prójimo, proteger a los indefensos, hacer mucho dinero o acumular la mayor cantidad posible de experiencias.

Sea lo que sea, es una meta abstracta que llegará nuestros pasos y nuestras decisiones vitales. Es decir, hacer algo a propósito o hacer algo adrede quiere decir que se hace con plena intención consciente de sus consecuencias, o sea intencionalmente, también puede emplearse para decir que nos referimos a algo mencionado previamente. Debemos tener un propósito claro y definido para poder lograrlo.

CAPÍTULO 10: EL PODER DE UN PLAN ORGANIZADO

Un mal plan es mejor que no tener ninguno. Muchos de nosotros no hacemos uno porque creemos que no tenemos un buen plan. Otros ni siquiera se toman la molestia de intentar uno. Algunos ni siquiera saben qué es un plan o simplemente viven sin uno, hoy aprenderemos el poder que opera en un plan, organizarlo.

Primeramente, entenderemos qué es un plan, es similar a un plano o una guía hacia algo que queremos llegar. Por ejemplo, queremos alcanzar el éxito, pero no sabemos en qué, cuándo o cómo y es simplemente porque no especificamos, tenemos que saber que es el éxito. Para algunos, el éxito es simplemente alcanzar el fin de mes y tener con qué pagar los gastos, para otros será ser buenos padres, o un buen trabajador, o por qué no, un emprendedor, y luchan diariamente sobre cómo lograrlo porque creen que son cosas sencillas y no necesitan tener un plan.

Realmente todos necesitamos un plan, en especial cuando sabemos exactamente lo que queremos si tu objetivo es alcanzar una meta, un deseo, un sueño, un anhelo. Lo podemos lograr con pasos sencillos creando un plan y trabajando en este, quieres convertirte en alguien diferente, por lo menos tienes que tener una idea clara de qué es lo que quieres lograr y algunos estarán como en mi lugar queriendo, muchas cosas a la misma vez, desde hace diez años comencé a trabajar en una meta definida y encontré el poder sobrenatural que opera al tener esto.

Quería ser una buena madre, tengo tres hijos varones y el trabajo de educarlos y alimentarlos como madre soltera no era fácil, pero eso no me detuvo.

Empresaria dueña de mi propio negocio y que requería de mí todos los días de un horario fijo de lunes a domingo. Se convertía en un laberinto, una vez entrando no sabías cómo salir, no lo hubiese hecho nunca si no hubiese usado el poder de un plan organizado, comencé mi ministerio.

Acepta el llamado de Jesucristo a servirlo no solamente a visitar la iglesia, sino a ser parte de esta. No tenía el conocimiento suficiente para poder hacerlo de la mejor manera, y me vi en la obligación de tener un plan o sabría que no podría lograr todo lo que en ese momento se me estaba dando.

No digo que soy la mejor, pero me di cuenta de que tener un mal plan es mejor que no tener ninguno. Organicé y busqué una persona para cuidar a mis hijos en mi casa a la que pagaba semanalmente y le hice parte de mi familia por qué no tenía a nadie más al mi alrededor. Puse la meta de levantarme más temprano, para agregarle horas a mi día, para tener tiempo de cuidar de mis hijos, darles la calidad de vida que ellos se merecían tener y me dedicaba a trabajar nueve a diez horas al día en mi negocio que comencé con una pequeña inversión, no era que tenía una gran empresa.

Lo que tenía eran grandes sueños y deseos de salir adelante, pero me tomaba en serio ser una empresaria creaba cada día un plan. Y para cada semana y cada mes, el primer día de la semana ponía en mi calendario como quería terminar el último día del mes, siempre puedo decir que tengo buenos resultados porque día con día trabajo mi plan.

Si mi meta o deseo semanal es tener mayor ingreso de ventas, mi meta tiene que ser clara, cuánto más quiero, cuantas clientas más quiero, cuantas libras quiero bajar a cuantas personas quiero impactar, o cualquiera que sea tu meta.

Si sabes claramente lo que quieres, será mucho más fácil crear un plan. Yo tenía mi meta clara, quería salir de la pobreza y miseria, del fracaso, que me estaban matando. Sabía que, si no hacía nada diferente no tendría diferentes resultados.

Tenía muchos sueños, deseos, anhelos y muy buena intención, pero no logré alcanzarlos, sino hasta que tuve una meta y un plan definido todos los días trabajando ardua e inteligentemente logré superarme, y ser próspera. Hoy puedo decir que he logrado todo lo que me propuse. Podría escribir un libro completo, con instrucciones específicas cómo crear planes y cómo trabajar el plan, pero en este libro solamente quiero enseñarte que es un paso muy importante, que no lo puedes pasar por alto y dirás en qué me puede servir a mí para activar lo sobrenatural de mi espíritu, organizarse o tener un plan definido.

Quiero decirte que Dios es un Dios de orden, y lo primero que él quiere es que tengamos, las cosas con principios y organizados, tanto así que él dijo que no llama a gente que está capacitada, sino que él capacita a los que llama, si no organizamos nuestro plan nuestra vida no tendremos tiempo para dedicarle al espíritu estaremos afanados corriendo de un lugar a otro y no dedicándole el tiempo que necesitamos para poder activar lo sobrenatural.

Y aun cuando hemos activado lo sobrenatural en el espíritu, tenemos que ser específicos y claros para poder tener resultados. Se requiere de tiempo y esfuerzo para lograrlo y si tenemos un plan organizado si no será mucho más fácil.

Paso 3: El poder sobrenatural del espíritu está con usted

PASO 3: EL PODER SOBRENATURAL DEL ESPÍRITU ESTÁ CON USTED

Como caminar en el poder sobrenatural de tu espíritu nos ayuda a comprender toda la relación del poder para los milagros y la autoridad de Dios, estos dones increíbles están disponibles a los creyentes de hoy, tal como estuvieron durante los antiguos tiempos.

Desde el principio, la biblia revela que Dios hizo los seres humanos con tres partes, incluyendo el espíritu en Génesis 27:7. Dios formó al hombre del polvo de la tierra y sopló en su nariz aliento de vida y llegó a ser el hombre alma viviente.

Con esto podemos ver que cuando Dios sopló en el hombre, el espíritu humano del hombre llegó a existir nuestro espíritu humano es la parte más profunda de nuestro ser. Nuestro espíritu fue creado por Dios para que podamos conectarlo y recibirlo a él nuestro cuerpo y nuestra alma tiene sus propias funciones específicas, sólo nuestro espíritu tiene la capacidad de conectar a Dios podemos ver esto en numerosos versículos incluyendo Juan 4:24 . Dios es Espíritu y los que le adoran en espíritu y en verdad es necesario que le adoren.

A fin de conectarnos o adorar a Dios, debemos usar nuestro espíritu. Una manera para simbolizarlo es la fusión de un radio. Cuando un radio está encendido y sintonizado correctamente, puede recibir las ondas de radio invisibles en el aire e interpretarlas. Nuestro espíritu humano es como un radio y Dios es como las ondas de radio nuestro espíritu es la parte de nuestro ser que corresponde a lo que Dios es así como tenemos que usar nuestro espíritu para conectarnos con él nuestro espíritu humano es tan importante para Dios. Porque Dios desea llenarnos de sí mismo. Él quiere que lo recibamos y nuestro espíritu es el único receptor. Nuestra vida cristiana comienza con el nuevo espíritu humano como podemos ver en Juan 3:6. Lo que es nacido de la carne, carne es; y lo que es del espíritu, espíritu es.

El primer espíritu mencionado aquí es el espíritu divino, el Espíritu Santo de Dios y el segundo espíritu es el espíritu humano, el espíritu generado del hombre, la regeneración se lleva a cabo en el espíritu humano por medio del Espíritu Santo de Dios, con la vida de Dios, la vida eterna e increada.

Así que ser regenerado significa tener la vida eterna y divina como la nueva fuente y el nuevo elemento de una nueva persona. En el momento en que creemos en Jesús, su Espíritu Santo entra en nuestro espíritu, cuando somos regenerados, nacemos de Dios y recibimos su vida divina y eterna en nuestro espíritu; y llegamos a ser sus hijos. El Espíritu es amor, luz, paz, gozo, descanso, consuelo, fuerza, poder, nuestro pastor, nuestro refugio y mucho más y debido a que él ahora vive en nuestro espíritu podemos experimentar y disfrutar todo lo que él es para nosotros.

Saber acerca de nuestro espíritu humano es fundamental para nuestra vida. Una vez que nos damos cuenta de que el espíritu vive en nuestro espíritu, debemos aplicar esta relación usando nuestro espíritu para conectarnos a él todo el tiempo.

Y seguido podemos practicar haciendo esto a primera hora de la mañana entonces continuamente a lo largo del día, podemos conectarnos a él simplemente al invocar su nombre Espíritu Santo también podemos usar nuestro espíritu para contactar al señor orando con la palabra de Dios.

Tenemos que tener mucha precaución en cuanto a esto ya que conociendo que nuestro espíritu se conecta a otro espíritus tenemos que tener ese sumo cuidado no conectarnos a otros espíritus que no sea el espíritu de Dios porque una vez conectándonos a otros espíritus y no al Espíritu Santo del Dios viviente, para tener otros poderes o hacer otras cosas que van fuera del concepto divino de lo que Dios quiere para nosotros nos tomamos el riesgo de ser posesionados y que nuestro espíritu sea contactado posesionado y manipulado por espíritus inmundos o espíritus demoníacos.

CAPÍTULO 11: PALABRAS QUE CAMBIAN SU VIDA

Hemos entendido claramente, que el Espíritu de Dios está conectado al espíritu de nosotros, tendremos que entender cómo funciona a través de nuestras palabras.

Si el simple hecho invocar el nombre del espíritu bien y se conecta, nosotros tendremos que saber que también de esa manera, al hablar estamos generando vida, tendremos el compromiso de tener en nuestra boca el poder para la muerte y para la vida, hoy aprenderemos a hablar palabras que cambien vida la primera que cambiará es la nuestra.

Ya que nosotros somos responsables por cada palabra que sale de nuestra boca. Con las palabras podemos crear o destruir. Son más que sonidos, las palabras moldean la mente para después convertir en pensamientos o acciones, son tan poderosas que a través de ellas podemos crear o destruir, por eso su correcto manejo es de suma importancia. Las palabras tienen poder, nos ayudan a conectar con las personas, a designar y a dar forma a lo que nos rodea. Sin embargo, no podemos olvidar tampoco el papel de ese diálogo interno, y de la necesidad de cuidar de esas palabras que nos decimos a nosotros mismos que nos dice la biblia acerca de eso en 1 Pedro 3:10 dice el que quiere amar la vida y ver días buenos, refrene su lengua del mal y sus labios no hablen engaño.

Si queremos ver días mejores en tiempos tan difíciles. Las palabras que decimos pueden hacer la diferencia, no se puede disociar la fe verdadera de lo que hablamos constantemente.

No digas malas palabras, al contrario, digan siempre cosas buenas que ayuden a los demás a crecer espiritualmente, pues eso es muy necesario. La lengua tiene poder para dar vida y para quitarla: los que no paran de hablar sufren las consecuencias.

Las palabras son tan poderosas porque ejercen una influencia directa en nuestros actos conscientes. Desde mi punto de vista es esencial aprender a controlar el poder de las palabras. Nuestras acciones, emociones, sentimientos, pensamientos, concéntrate en nuestros deseos, buscar el perfeccionamiento de manera permanente. La influencia de las palabras en nuestra vida diaria es enorme debido a su fuerza y poder: una palabra al ser expresada actúa como una pequeña semilla que genera vida, un sentido fugitivo a lo que estamos diciendo, convirtiéndose en energía para qué atraerá una acción o suceso. Las palabras crean la acción.

Cualquier cambio en nuestras vidas no sucederá sin unas palabras inspiradoras. Nuestra respuesta podría no ser nada o podrían estimular una reacción de tal manera que el impulso se hace evidente. Cuando nos unimos a otros en el camino.

Cuando no sabemos qué palabra decir yo te recomiendo que uses la palabra de Dios. Qué función tiene la palabra de Dios en nuestra vida y según Hebreos 4: 12 la palabra de Dios es viva y eficaz, y más cortante que toda espada de dos filos; y penetra hasta partir el alma y el espíritu, las coyunturas y los tuétanos, discierne los pensamientos y las intenciones del corazón.

Como tal la palabra de Dios es muy activa y funciona para hacer todas las cosas tanto para dios como para nosotros.

El objetivo no es que dominemos la palabra de Dios, sino que la palabra de Dios nos domine a nosotros, que cambie nuestra vida y nuestra forma de pensar.

Eso es lo que importa, estar dispuestos a vivir la verdad que hemos aprendido significa estar dispuestos a someternos a esa verdad. La palabra de dios hace que las personas sean regeneradas 1 Pedro 1:23 dice: Habiendo sido regenerados, no de simiente corruptible, sino de incorruptible por la palabra de Dios, la cual vive y permanece para siempre. La palabra da vida de Dios, la cual es viva y permanece para siempre, transmite la vida de Dios a nuestro espíritu para que seamos regenerados. Cada una de las palabras que nosotros mencionamos decimos, declaramos y decretamos día con día cambia nuestra vida y todo el rededor porque el poder sobrenatural del Espíritu opera a través de las palabras.

CAPÍTULO 12: VUELVE A REPROGRAMAR TU MENTE

Si yo cambio todo cambia. Aprende cómo reprogramar tu mente, tu cerebro es reprogramado cuando te dispones a cambiar tu mentalidad creando nuevas conexiones, sugestiones positivas que te den poder.

Formas de cómo reprogramar tu mente afirmaciones diarias te ofrecen la ruta más fácil para cambiar tu forma de pensar diariamente, tener un objetivo claro para cambiar tu mente, si escribir es tu fuerte también lo puedes hacer cuida tu lenguaje, ya que tu mente cree todo lo que tú dices y trabaja para traer lo que tú estás hablando ya hemos hablado de eso en el capítulo anterior crea nuevas creencias positivas y vive como si ya lo hubieses tenido en cuánto tiempo puedes programar tu mente. Ya lo dije anteriormente en 21 días se cree que podríamos adoptar una creencia nueva, pero yo digo que todos los días en realidad no tenemos un tiempo específico.

Ya que necesitamos constantemente ser renovados en nuestra forma de pensar y nuestra forma de obrar día con día, nuestro cerebro funciona como una computadora programada hacia donde nosotros queremos ir asegurémonos de programar la bien asegurando que llegaremos al objetivo correcto.

La mente hace lo que cree que quieres que haga. Entonces cómo reprogramar tu cerebro para que hagas lo que tú quieres que haga. Programa deliberadamente, consciente que tú quieres que ella haga, comienza con repetir constantemente lo que tú quieres para que ella grabe y así traiga a ti cada vez que necesites recordar o que ella haga lo que tú necesites porque ya está programada con eso.

La reprogramación cerebral, también conocida como reprogramación mental, es la capacidad del cerebro de re reiniciarse frente a determinadas situaciones. Lo que debes saber sobre la reprogramación cerebral es que la mente y el contexto son los principales creadores de la realidad en una persona. Por qué reprogramar tu mente:

Serás una persona más productiva.

Tendrás más confianza en ti.

Te conocerás mejor.

Aumentará tu vitalidad y bienestar

Serás la mejor versión de ti

Alcanzará la plenitud de tu ser.

Y si eso no es suficiente para hacerlo, te puedo decir que alcanzarás las cosas imposibles, que lo que tú consideras que no puedes hacer podrás lograrlas y tenerlas con el simple hecho de quitar lo que ya programaron en tu mente por cosas de la vida, situaciones, circunstancias adversas especialmente cosas a las que no tenemos control. Pero sí tenemos control en reprogramarnos, sacar de nuestro programa el daño que se nos haya causado, y renovar de nuestra mente de nuestros pensamientos el dolor, la pena, la culpa, el fracaso, la tristeza, el odio, la amargura y todas aquellas cosas que nos ensucian la mente.

Es como un virus en nuestras computadoras. Somos conscientes que hay cosas que no la vamos a poder cambiar, pero si las podemos transmutar a través de nuestros pensamientos y con ayuda del Espíritu que está en nosotros, podemos transformar el dolor en una lesión, el fracaso en una experiencia, transformarlo en algo bueno para levantarnos una vez más, transmutar el dolor y superar para alcanzar lo mejor que podemos lograr.

CAPÍTULO 13: EL PODER DE SUS PALABRAS

Quiero ministrarte estas palabras:

No recuerden las cosas anteriores, ni consideréis las cosas del pasado. Yo hago cosas nuevas, pronto saldrá a luz. Otra vez abriré caminos en los desiertos y ríos en lugares desolados Isaías 43, 18.

Me siento ungido por el Espíritu Santo para ayudar a abrir la puerta, para que el Espíritu de bendición entre en tu vida, para tu bendición financiera, uno de los principios de prosperidad más productivos Es olvidando lo que queda atrás y extendiéndome a lo que está delante, prosigo hacia la meta, o el objetivo para obtener el premio del supremo llamamiento de Dios en cristo. Las bendiciones sobrenaturales se activan en cuanto nosotros se lo permitimos. Y trabajamos con ello.

El envió su palabra, los sanó y los liberó de su ruina, Salmos 107:20.

Dios envía una palabra a través de nosotros y nos salva de la ruina la verdadera fe de la semilla, es sembrar lo que se te ha dado para crear lo que Dios ha prometido. Las palabras son las semillas que nosotros sembramos, todas dan una cosecha, a veces no cosechamos lo que queremos porque no sabemos que estamos sembrando semillas equivocadas.

Queremos cosechar paz, pero estamos hablando de problemas, de guerras, de conflictos y de cosas que no tienen nada que ver con la paz. Así que la paz nunca nacerá. Nunca llegará porque no hay una semilla que haga que nazca y crezca la paz, que si queremos para nuestra vida. Si lo que quieres es cosechar paz, siembra semilla de paz. Habla de la paz, piensa en la paz. medita en la paz, busca la paz constantemente y te garantizo que la paz llegará sin importar cuál sea tu situación, cuál sea el problema, o circunstancia difícil que puedas estar pasando. La paz que sobrepasa todo entendimiento estará en tu vida como una cosecha deseada, sembrada a propósito. La fuerza de las palabras, se manifiestan por donde quiere, de múltiples maneras, en las más variadas circunstancias y nos ha sido dada para interpretar, interaccionarse, pero también para marcar distancias, para el elogio y también para la diatriba, (injuria o censura) para amar y también para odiar.

En la forma en que hablamos las palabras positivas o negativas que emitimos, nuestras quejas, nuestras alabanzas, nuestras muestras de gratitud o muestras de reproche, afecta a la percepción que los demás tienen sobre nosotros. Y tienen el potencial de iniciar en nuestro comportamiento y nuestro estado de ánimo. Si no controlamos lo que hablamos, lo que hablamos controlará nuestra vida.

CAPÍTULO 14: EL PODER DE SUS PALABRAS

Tomando en cuenta que nuestras palabras son tan importantes en nuestra vida y debemos controlarlas, conocer que cada palabra que sale de nuestra boca es producida por un pensamiento, que hay en nuestra mente. Trabajaremos en ese concepto ahora mismo cómo seleccionar los pensamientos correctos.

Es como conectar bien una computadora con una máquina de imprimir, lo que en el computador tienes delegado para imprimir en una en impresora, ella fotocopiará exactamente el folleto que estés queriendo imprimir, por eso es importante seleccionar solamente lo que quieres manifestar en tu vida todo comienza en tu forma de pensar, alguna vez te ha pasado que quieres imprimir una hoja e imprimes hojas equivocadas o más o menos de lo que quería sacar no sucede exactamente.

En nuestras vidas sucede lo mismo, queremos tener prosperidad, éxito, bienestar y todas esas cosas buenas que todos deseamos. Y cosechamos algo diferente, imprimimos en nuestra vida lo contrario de lo que deseamos. Queremos que nuestro día sea bueno, bendecido y próspero, pero no siempre es así, y la razón es por qué no escogemos bien los pensamientos, vamos a pensar en lo que queremos para que cuando hablemos salga exactamente, las palabras que necesitamos que crean lo que queremos.

En el capítulo anterior les expliqué cómo programar la mente. El que programemos nuestra mente o reprogramar nuestra mente, con lo que deseamos, no significa que nunca vendrán a nuestra mente esos pensamientos que quiere sabotear lo que nosotros queremos, por eso es necesario que cuando pensemos en lo mal que está la situación en lo difícil que se ve salir del problema, lo cancelamos ahí mismo y digamos no es eso lo que quiero sé que está difícil, pero confío en que todo saldrá bien, que cuando salga de nuestra boca una palabra sea para que cambie la situación.

La mente peleará para crear laberintos, para que caigas en tus viejos pensamientos, yo recuerdo muy bien cuando me molestaba al saber que lo que estaba en mi vida, yo misma lo había traído con mi forma de pensar y con la forma de hablar, alguna vez te ha pasado que piensas positivo hablas positivo y nada cambia y te vez presionado a quejarte, renegar y no le ves sentido a esforzarte por tener buenos pensamientos, si lo que es peor como cuesta hablar positivo cuando todo el rededor es negativo.

Lo mismo que no quieres aceptar que lo que tenemos en nuestras manos en este momento es causado por nosotros mismos, olvidémonos de eso y comencemos de nuevo, a tomar conciencia y responsabilidad, ese es el inicio de un gran paso, a un gran cambio, sí reconozco que mis malos pensamientos me han traído.

A la situación donde estoy creo que mi mente será capaz también de llevarme al lugar donde yo quiero ir, como en mi caso reconocí que mi mente me había llevado a ese descontrol emocional, controle mis pensamientos, controle mis palabras, mis emociones y hoy vivo una vida sin complejos sin problemas y puedo decir tengo todas las cosas bajo control porque si no controlo las cosas controlará mi vida. Recuerda quien te domina te controla, y si tu mente te domina, controla tus palabras y arruina tu vida. Es momento de controlar nuestros pensamientos y nuestra forma de hablar para tener el resultado deseado.

A propósito, ese es el objetivo de este capítulo, entendamos que nosotros podemos controlar lo que hablamos a través de lo que pensamos. Y lo más maravilloso es que podemos elegir pensar bien, lo correcto, lo bueno. No te parece fantástico poder elegir lo que piensas para tener lo que quieres. En qué me beneficia para activar lo sobrenatural en mi vida, tener buenos pensamientos, justamente en eso tú decides pensar, tú decides creerlo, si lo permites en tu mente lo sobrenatural, él vendrá como cosecha de lo que sembraste.

Recuerdas que en el capítulo anterior te dije que una de las razones por lo que la gente no vive lo sobrenatural de su espíritu es porque no lo cree, ya que prefiere tener pensamientos negativos o le dan lugar a esos pensamientos que no tienen provecho alguno.

Has oído la frase de hasta no ver, no creer. Yo te digo que si no lo crees no lo verás, hay que creerlo para verlo, esa es la maquinación mal programada de la vida, que la mente quiere que nosotros entendamos las cosas para que funcionen Pero no tenemos ninguna necesidad de entenderlas. Sino simplemente practicarlas.

❊
PASO 4: SUPERA TUS LÍMITES

Este es uno de los pasos que más me gusta es que tengo la oportunidad de alcanzar lo máximo superando cada uno de los límites que ya tengo enseñaré cómo hacerlo. Has escuchado las palabras que dicen mis derechos, terminan donde comienzan los de los demás, al principio creí que esto es muy limitado, ya que mientras los demás tenían más alcance, parecía que los míos se quedaban más cortos. Hasta que entendí que no era así ella, lo contrario entre más espacio les das a los demás, más espacio tienes para alcanzar las cosas que tú te propongas. El crecimiento se da cuando superamos nuestros límites y superamos lo que creíamos posible dentro del Marco de nuestras habilidades y experiencia.

El reto es que muchas personas no saben cómo identificar sus límites para llegar al siguiente nivel de los cientos de personas que entrenamos los más exitosos han desarrollado estas habilidades para ser capaz de superar sus límites. Tiene mucho que ver con la mentalidad que adoptes.

Es común que evitemos esforzarnos por cosas que creemos imposibles, cuando tú crees que no puedes lograr algo limitas tu capacidad de esforzarse al máximo. Es esta mentalidad limitada la que te podía estar frenando. En muchos casos, las creencias limitantes son pensamientos impuestos en tu cabeza por la gente que te rodea.

Es común que las personas se desanimen al recibir comentarios negativos de aquellos que no tienen su visión. ¿Para superar las creencias y pensamientos limitantes, pregúntate por qué esto no es posible? ¿Quién dijo que no podía lograrlo? Si no encuentras una razón legítima que te impida alcanzar tu objetivo, es muy probable que debas cambiar tu mentalidad. Establece metas ambiciosas la mayoría de las personas. Siguen formatos o establecimientos y objetivos comunes.

Pero si buscas superar tus límites, necesitas pensar fuera de la caja. Establecer metas agresivamente. Puedes impactar en tus acciones, por ejemplo, si lo que quieres es vender tu producto a 10 clientes este mes puedes decidir hacer llamadas para contactar a tus clientes potenciales. Pero si tu objetivo es cerrar ventas con 1000 clientes sería prácticamente imposible hacer esto. Esto te obligaría a pensar tu estrategia, el objetivo no es plantearse metas inalcanzables, sino que ayudarte a identificar si las metas más pequeñas limitan tu progreso, te recomiendo que aprendas a sentirte bien con estar incómodo, siéntete cómodo con estar incómodo. Identificar tus límites es la clave para saber, cuáles pueden superar

Jugar al límite te producirá un sentimiento de incomodidad, está bien, si no sales de tu zona de confort nunca crecerás. Desafíate a ti mismo a hacer cosas nuevas, aunque te resulten incómodas. Con el tiempo comenzarás a sentirte a gusto con los nuevos límites. Repetir este proceso una y otra vez te ayudará a seguir creciendo. Recuerda que todo despertó alguna vez fue un principiante. Anímese que intentar algo y fallar no significa fracaso cuando le preguntaron a Thomas Edison sobre su trabajo con el bombillo moderno, declaró no he fallado, he descubierto 10.000 opciones que no funcionan. Al llegar al límite de tus habilidades y experiencias, te ves obligado a enfrentar el fracaso, como una experiencia, la forma en la que la haces frente consiste en tu capacidad para seguir creciendo.

Fallar te da la oportunidad de aprender lecciones valiosas que puedes usar; El fracaso es una parte natural del crecimiento, así que úsalo a tu favor. Recuerda que todo es posible si tienes un sueño, pasión y la capacidad de esforzarse. En la biblia hay muchas historias de hombres que sobrepasan sus límites haciendo lo que otros no se disponían a ser, esforzándose a su máxima capacidad de lo que Dios había puesto en ellos.

CAPÍTULO 15: LO QUE USTED CREE SER

La gran mayoría de las personas van por la vida creyendo que son lo que los demás piensan de ellos o lo que les han hecho creer que son, sin identificar completamente lo que realmente son en cuanto quiénes somos y quiénes creemos ser Hemos creado conceptos erróneos que si no tengo dinero soy pobre, que si no estudié soy analfabeto que si Dios no me usa soy inservible, que si no tengo dones no puedo hacer nada, que si no me autorizan a hacerlo.

No debo, y como esas palabras hemos escuchado muchas. Vamos, no eres lo que la gente dice que eres. Es lo que el que te creó dice que eres Dios, dice que eres cabeza y no cola que te hizo con un plan definido y con un propósito. Quiero ayudarte a comprender lo que es la palabra de Dios, dice que somos un cuerpo, un alma y un espíritu y como el corazón influye en esto.

El cuerpo, por supuesto, alberga los cinco sentidos. Estos cinco sentidos nos ponen en contacto con el mundo natural. El tacto, el gusto, el olfato, el oído, la vista y es que estos cinco sentidos son los que nos permiten estar en contacto con el mundo. Luego tenemos el alma es donde experimentamos las cosas a nivel emocional, el alma no es ni buena ni mala, alguna persona dirán qué es esto qué es aquello, pero en realidad es el único lugar donde tenemos la capacidad de experimentar algo con nuestras emociones los psiquiatras tratan de dar tratamientos al alma este ejemplo de tratar el alma es como si estuvieras conduciendo un automóvil por la carretera y de repente se enciende la luz del aceite y tú dijeras así es cómo resolveré el problema apagaré la luz del aceite la luz del aceite solamente es un indicador de otra condición en el vehículo, plegase a la causa de raíz las emociones no son tu problema son justo donde se manifiestan tus problemas, ya sea Dios el mundo el pecado una justicia que experimentas en el reino de tu alma.

Por otro lado, está el espíritu tiene al menos los mismos cinco sentidos que tiene el cuerpo, debido a las escrituras que dice prueba y ve el señor es bueno, escucha el señor, huele el dulce sabor del señor, así que básicamente los cinco sentidos del espíritu, son los cinco sentidos internos del espíritu y podría ser mucho más que cinco, pero estos son los que nos mantienen en contacto con Dios. Ya sea que las sensaciones sean del cuerpo o del Espíritu. Alma hay un procesador que se llama cerebro y las procesa en emociones El cerebro de una manera produce los sentimientos del cuerpo y se convierten en sentimientos y Cientos, emociones.

El Corazón es una combinación de tu espíritu y tu alma, procesa experiencias espirituales, el corazón es para el espíritu y el alma y el cerebro es para el cuerpo y el alma, el corazón es una combinación del hombre espiritual y tu alma, no está muy claro en qué consiste la plenitud de esta combinación, el verdadero tú no es quien tú eres espiritualmente o quién eres emocionalmente en lo que el verdadero tú eres algo en lo que todo esto se une como uno solo. Al igual que los cinco sentidos entran en el cerebro, se interpretan en una emoción, cuando Dios habla a nuestro espíritu todavía se procesa a través del corazón y la condición de nuestro corazón altera lo que Dios nos está diciendo y lo que estamos escuchando.

Efesios 4:23 renuévate en el espíritu de tu mente

Aprende a pensar de manera diferente, elige pensar de manera diferente, tienes que estar abierto y podrás ampliar la capacidad de tu cerebro, por lo tanto, renuévate en el espíritu y ponte el nuevo hombre que fue creado según Dios por la verdadera justicia y santidad, cuando buscas esto en la palabra griega literalmente significa y renueva ahora según tu espíritu tu mente.

Lo que me dices que ya hay un trabajo hecho en mi espíritu y lo que estoy tratando de hacer ahora es que si el espíritu es nuevo tengo que renovar mi mente para que mi mente lo vea, piense y tenga la misma percepción que mi espíritu.

CAPÍTULO 16: CONVIÉRTASE EN LO QUE CREE

Cuando empiezo a pensar en mí mismo como he sido creado con verdadera justicia, entonces cuando escribo en mi corazón estoy poniendo al hombre nuevo cuando medito y me veo sano y fuerte estoy poniéndome en ese hombre nuevo y cuando eso se vuelve más real para mí, que cualquier otra cosa, entonces salgo de cualquier enfermedad, cuando me veo próspero y disfrutando de los frutos de mi prosperidad y en todas estas cosas buenas, entonces me conecto a los deseos de Dios estoy poniéndome en ese hombre nuevo próspero.

La palabra justo y recto prácticamente significa derecho no estoy entendiendo mis pensamientos sentimientos con un trabajo terminado en espíritu, que es lo que Dios dice yo ministro mi corazón una de las formas principales en lo que medito y en lo que pienso, pero una de las formas más poderosas es mediante el diálogo interno, que me digo a mí misma, que me estoy diciendo repetidamente a mí misma, las personas ministran él tu alma de las personas no ministran el espíritu, Dios ministra nuestro espíritu, las palabras o acciones de la gente puede lastimar tu alma, pero Dios puede sanar tu alma.

Muchas cosas que hoy exhiben las conviertes en diálogo interno e imágenes en las que piensas y reflexiona y eso afecta a tu corazón, ministra, bien o mal, vida o muerte, a tu corazón Proverbios 12:6 las palabras de los impíos esperan para derramar sangre, pero la boca de los rectos es la boca que está en armonía con Dios y los librará cuando escuchamos palabras negativas y destructivas entras en nosotros, cuando escuchamos esas palabras podemos enojarnos y no nos gusta, cuando dicen algo malo hiriente sobre nosotros.

Quiero que nos demos cuenta de que cuando empezamos a pensar en eso y reflexionamos a esas palabras creamos emociones y sentimientos, y producimos enojo y la ira escribe un elemento muy ofensivo en tu corazón lo mismo esa persona que te hizo enojar es que tú lo estás escribiendo tu corazón mantengas esa ira y mantengas la ofensa y lo que piensas que significa sobre ti mucho más después de lo que esa persona lo haya hecho ahora recuerda tu justicia.

El juicio es cuando buscas y dices por qué tu juicio le ha justificado el comportamiento de las personas y las palabras y comportamientos pueden lastimarte, pero no pueden atormentarte eso solo ocurre cuando tú juzgas y dices esta es la razón esta persona hizo esto en el momento en que tú le das importancia algo tiene el poder para lastimarte u oprimirte dependiendo del grado de importancia que le haya atribuido, si dejamos que estas palabras entre en nosotros y meditamos a través de la ira nos hacemos daño a nosotros mismos no son las otras personas las que nos están haciendo daño nos estamos haciendo daño nosotros mismos la gente tiene que empezar a hacer elecciones y el discernimiento está de tomar decisiones así que toma decisión y liberaré a esas personas de mis juicios simplemente sueltos cualquier cosa que me esté lastimando y dejo que esto libere mi alma y espíritu porque es lo que nos está haciendo mal al final.

Las personas no se dan cuenta de que nosotros somos los únicos que podemos escribir en nuestros corazones, la clave es ponerte el nuevo hombre diciendo esto es lo que soy y esto es lo que tengo y voy a continuar, me voy a convertir en lo que yo creo que soy a veces no solo es el hecho que lo repitas constantemente, sino que lo conviertas en un diálogo interno reconoce cuando un pensamiento viene a tu mente y mira que tiene el potencial para enojarse, o molestarse.

Interrumpirlo inmediatamente por años escuchados la gente gritándole al diablo y diciéndole diablo te reprendo y te ato y te saco fuera y que extraño que en un tiempo más está de regreso y La gente se justifica diciendo que me recontra atacó o ha vuelto este espíritu con más fuerza sobre mí, y en realidad lo que sucedió es que no tomó una nueva actitud está creyendo que así es, y al creerlo nuestra mente tiene la capacidad de traerlo. Una vez más a nuestras propias vidas, si nos convertimos en lo que pensamos y siempre estamos teniendo un diálogo interno de temor, de miedo, de angustia y de ataques espirituales, así será.

CAPÍTULO 17: SEA FELIZ CON QUIEN USTED ES

Hoy tienes una tarea para aprender, a ser feliz con quien usted es. Sin embargo, cuando su mente entiende que quieres hacer una tarea, incrementa tu deseo y tu energía, siempre tienes la opción de elegir, así que crea el excelente hábito de usar palabras positivas, aunque no te guste la tarea.

Puedes decir, me siento tan realizado después de pagar mis impuestos; o me siento genial cuando me levanto temprano para terminar el proyecto. Cuando estés en el gimnasio repite: mi cuerpo ama esto, o mi cuerpo le gusta hacer ejercicio, incluso si tu mente tiene otras ideas. Mantén tu diálogo interno. Persiste diciendo amo mi vida, disfruto todo lo que hago y soy feliz con quien soy. Eso no significa que te guste tener unas libras de más, significa que esas libras de más no son suficientes pesadas para quitarte la felicidad. Alguna vez has ido al supermercado y has dicho Dios, esto es un infierno, la fila está peor, odio estar de compras, prefiero estar en otro lugar.

La verdad es que, el infierno no está en el supermercado. Y segundo el infierno es cuando no tiene suficiente dinero para ir al supermercado. La siguiente vez que estés en la fila recuérdate a ti mismo que tiene suficiente dinero para comprar comida, que estás comprando comida para las que amas y que te aman.

En ningún lugar de esa escena vas a encontrar el infierno: de hecho, lo que a ti te parece un infierno, a otros le encanta y se divierten. Puedes ampliar esta perspectiva para cambiar muchas cosas en la vida, como estar en un tráfico, lo que significa que tienes la suerte de tener un coche, este ejercicio te ayudará con esto. Recuerda primero es que haces que tu mente lo piense y en breve forma parte de ti.

Cuanto más lo haces, más fácil se vuelve. Cuando más fácil se vuelve, más lo haces y ahora tu mente está programada para acercarte al éxito en vez de inventarse obstáculos y resistirse. No tiene que gustarte todo, pero si puedes lograr ser feliz con todo lo que haces. Son millones de personas las que siguen comparándose y encontrando en otros justos lo que creen que les falta para poder ser felices, aunque la verdad es que a veces todo esto no son más que excusas que el ser humano crea para poder reforzar sus propias creencias e inconscientemente limitarse a sí mismos.

No caigamos en falsos conceptos como la verdadera felicidad viene al servir ayudar a los demás a seguir a Jesucristo. Se alcanza al vencer los apetitos de nuestro cuerpo físico, y el seguir las impresiones del espíritu. Se obtiene trabajar duro, tener un estilo de vida saludable, tener amigos, familia y logros personales. Mira lo que nos dice Proverbios 17:22 el corazón alegre hace bien como una buena medicina, pero el espíritu triste seca los huesos

Entendemos el concepto que hacer las cosas no es lo que te hace feliz, sino que el ser feliz te hace hacer las cosas a eso quiero llevarte, a que hagas que tu corazón esté alegre y entonces las cosas serán más fáciles. Significa aprovechar las oportunidades que se nos presentan, dispuestos a vivir plenamente cada momento y esforzarnos por desarrollar aquella habilidad que realmente nos satisface, elegir la felicidad implica sobre todo estar dispuestos a emprender el camino que nos conduce a ella.

¿Quiero ser feliz y no sé cómo? Es una de las preguntas más comunes, es increíble cómo las personas quieren algo que no saben qué es ni cómo conseguirlo, hoy aprenderás a conseguirlo, ya que no ser feliz simplemente significa que no estás conectado completamente tu mente, tu alma y tu espíritu al conectarlos y hacerlos trabajar correctamente juntos no estarás buscando la felicidad simplemente eres feliz

Para los que dicen no importa si soy feliz o no es una actitud de negatividad porque están aceptando que no son felices y sin esforzarse mucho no les importa conseguirla bueno después de entender que la felicidad es muy valiosa, no solo desde el punto de vista emocional, sino también físico, las personas felices pueden inspirar a una vida más larga, tienen una mayor tolerancia al dolor y poseer un sistema inmunitario más fuerte que les protege de diferentes enfermedades buenas noticias que es la felicidad no es una utopía sino una realidad al alcance de nuestras manos y para cancelar te voy a dar algunos consejos número uno elige conscientemente la felicidad no basta con solo decir quiero ser feliz es necesario que asumas la felicidad como una meta.

Muchas personas afirman que desean ser felices, pero no hacen nada para lograrlo, continúan aferradas a sus viejos hábitos y no hacen nada para salir de su zona de confort. Sin embargo, la felicidad no es algo que ocurre al azar, es un estado que necesita ser cultivado día tras día. Elegir la felicidad implica asumir un compromiso y poner en práctica comportamientos y actitudes que nos conduzcan a ella.

Elegir la felicidad implica sobre todo estar dispuestos a emprender el camino que nos conduce a ella, recuerda esto la felicidad no es un destino, es un camino.

Cultiva la gratitud, desarrollar el hábito de dar gracias por lo que tienes, en vez de quejarte por lo que no tienes, implica un cambio radical en nuestra forma de enfrentar la vida, un cambio que nos hará sentirnos más satisfechos y a la larga más feliz.

La gratitud es tener conciencia absoluta de los beneficios de la vida, se han hecho estudios que indican que la gente agradecida tiene a ser más empática y propensa a perdonar a los demás. Las personas que mantienen un agradecimiento diario pueden tener una actitud más positiva en la vida, los individuos agradecidos demuestran menos envidia, menos materialismo y menos egoísmo, la gratitud aumenta la autoestima y mejora la relaciones y también la calidad de sueño. Hasta viven más. Si la gratitud viene en forma de jarabe se llamaría el jarabe milagroso. Contrarrestar las emociones y los pensamientos negativos.

La higiene mental es fundamental para lograr el equilibrio emocional, pero muy pocas veces somos conscientes de ello, a menudo las preocupaciones y las recriminaciones adquieren vida propia y se adueñan de nuestro pensamiento. Si no los retiramos a corto a tiempo nos harán sentir mal y a largo plazo pueden llegar a dañar nuestra autoestima. Afortunadamente, eliminar los pensamientos indeseados no es tan fácil, pero para eso solo tienes que encontrar la forma que mejor funcione para ti, puedes probar con las técnicas de relajación o meditación o cualquier actividad que te resulte placentera, esto te dará la serenidad que necesitas para que te ayude a limpiar tu mente.

CAPÍTULO 18: DESARROLLA UNA IMAGEN PROPIA Y SANA

Comienza contigo. Antes de hacer cualquier cosa observa tus propias creencias, tus acciones y tu forma de actuar. Conéctate con tu cuerpo, ejercítate, muévete, respira y se consciente de quién eres auto analízate, no escuches al mundo, escúchate a ti, ten objetivos claros crea buenos hábitos no te rindas aprende a reírte de ti, la autoestima se figura a través de cómo nos vemos Tanto a nivel físico altura, peso, color, de pelo etc. como a nivel intelectual, social y personal.

Esta representación mental influye en cómo nos tratamos, en nuestra autoestima y también en nuestro alto concepto. Nuestra imagen debe ser cuidada pues habla de nosotros mismos, para proyectar una buena imagen, primero tenemos que alimentar nuestra creencia debemos tener buena imagen de nosotros mismos es importante encontrar esa esencia que nos hace únicos e irrepetibles.

Aprende a amarte a ti mismo
Cuida tu cuerpo.
Mante siempre practicando en proyectos importantes para ti
Aprende a reconocer los pensamientos de auto sabotaje.
Despréndete de las amistades tóxicas
Deja las relaciones basadas en la dependencia

Deja todos los celos
Deja la crítica
Deja la envidia
No te compares o iguales con nadie
No tener un mayor concepto de nosotros mismos, o sentirnos superiores a los demás

La imagen siempre depende de la perspectiva. Una visión equivocada es un espejo en pañoso pueden afectar en gran medida a la forma en que nos percibimos a nosotros mismos, 1 Corintios 13:12 ahora vemos por espejo, oscuramente, más entonces veremos cara cara. Ahora conozco en parte, pero entonces conoceré como fui conocido.

Si no tenemos un estándar objetivo con el cual medimos la imagen que tenemos de nosotros mismos será borrosa Todas las personas han sido creadas a la imagen de Dios en Génesis 1: 26 y 27 entonces dijo Dios: Hagamos al hombre a nuestra imagen, conforme a nuestra semejanza, y enseñorean los peces del mar y las aves del cielo, 27 y creó Dios al hombre a su imagen, a imagen de Dios los creó varón y hembra los creó.

Entenderemos que hay cosas que Dios ya hizo y hay cosas que nosotros haremos por ello cada persona tiene un gran valor y estima y todas las personas son muy amadas por Dios, Romanos 5:8 Dios muestra su amor para con nosotros en que siendo aún pecadores Cristo murió por nosotros.

Esa es la muestra más grande que pudimos tener, el amor de Dios también nos da mayor valor y autoestima nuestra imagen personal no debe estar influenciada por el orgullo humano ni basada por la realidad del pecado la imagen correcta de uno mismo es tener humildad a los ojos de Dios la correcta imagen de sí mismo es comprender nuestro gran necesidad de Dios y su gran amor por nosotros es regocijaré en su verdad y vivir conscientes de nuestro valor para él y de nuestra identidad en Jesucristo.

Ahora vemos por espejo, oscuramente, más entonces veremos cara cara. Cada uno de nosotros fuimos creados con un propósito definido por eso no tenemos que imitar a nadie o parecemos alguien más Dios nos ha dado a cada uno de nosotros, nuestros propios talentos y virtudes y privilegios únicos y exclusivos para lo que nos ha tocado que vivir en esta tierra si algo no lo tenemos y por qué no lo necesitamos si algo nos lo digo es porque en algún momento de nuestras vidas lo vamos a necesitar. Cuando desarrollamos una imagen propia y sana es un paso agigantado a tener una vida mejor.

CAPÍTULO 19: TEN EL CONTROL DE QUIEN ERES

Hemos desarrollado varios temas, donde aprendimos a controlar nuestras emociones entender que somos espíritu, alma, y cuerpo que tenemos que tener buenos conceptos de nosotros mismos que podemos provocar aquello que necesitamos y queremos, y este tema no es la excepción porque controlar quiénes somos parece una tarea fácil, pero en realidad es una tarea muy difícil, ya que todo lo que está alrededor de nosotros nos impacta nos persuade y en muchas ocasiones nos hace perder nuestra identidad, vamos a trabajar en estas áreas que aunque sea difícil sabemos que es algo importante que tenemos que hacer, todos sabemos que es el enojo y todo lo hemos sentido, ya sea como algo fugaz o como furia total, el enojo es una emoción humana totalmente normal por lo general, saludable, no obstante cuando perdemos el control de esta emoción y se vuelve destructiva.

Puede ocasionar muchos problemas en el trabajo en las relaciones personales, en la calidad general de vida, puedes hacerlo sentir como si estuviese a merced de una emoción impredecible y poderosa el enojo es un estado emocional que varía en intensidad varias veces una irritación leve hasta una furia de ira intensa.

Como otras emociones está acompañada de cambios psicológicos y biológicos.

Cuando usted se enoja, su frecuencia cardiaca y presión arterial se elevan y los mismos sucede con su nivel de hormonas de energía, de adrenalina, y noradrenalina, el enojo puede ser causado por sucesos externos o internos usted puede enojarse con una persona específica como un compañero de trabajo o su supervisor, o por algo ocurrido, su enojo puede ser causado por estar preocupado, o taciturno debido a sus problemas personales los recuerdos de hecho traumáticos o endurecedores, también pueden despertar sentimientos de enojo. cómo expresar de forma natural instintiva, el enojo es responder de manera negativa, el enojo es una respuesta natural que se adapta a las amenazas e inspira sentimientos intensos, agresivas y conductas que nos permiten luchar y defendernos cuando nos sentimos atacados, por lo tanto, para sobrevivir es necesario un determinado grado de enojo, por lo tanto, no podemos atacar físicamente a cada persona u objeto, que nos irrita y molesta. No darle rienda suelta a la ira, algunas personas usan esta teoría como una licencia para lastimar a otros.

Las investigaciones han mostrado que darle rienda suelta realmente aumenta la ira y la agresión y no lo ayuda y lo absoluto ni a usted ni a las personas con las que usted está enojado a resolver la situación, es mejor descubrir qué es lo que desencadena su ira, y luego desarrollar estrategias para evitar que esos factores desencadenados le hagan perder el control. hablamos del enojo porque es uno de los factores comunes de los seres humanos para perder el control tiene que asegurarse siempre de que no importa su enojo no importa su sentimiento no importa cómo se sienta en ese momento usted debe tener el control de usted mismo no permitas que ni las emociones ni los sentimientos ni las acciones de los demás controlen su vida. Si siente que su vida está realmente fuera de control, si está afectando sus relaciones y partes importantes de su vida, puede considerar la asesoría para aprender a manejar mejor sus emociones.

Puede trabajar con usted el desarrollo de varias técnicas para cambiar su pensamiento y su conducta en la palabra del señor, dice airaos, pero no pegáis porque el enojo es una parte importante del ser humano, más tenemos que aprender a controlarlo.

Efesios 4:26 airaos, pero no pequéis, no se ponga el sol sobre vuestro enojo, ni deis lugar al diablo, la ira es una puerta grande para que el enemigo, el adversario quien está buscando siempre la destrucción de nuestras vidas, pueda entrar por eso es importante que controlemos cada una de nuestras emociones si nuestras emociones nos están controlando ábrenos perdido el control de nuestras vidas.

Paso 5: Mantente firme contra la adversidad

PASO 5: MANTENTE FIRME CONTRA LA ADVERSIDAD

Las pruebas son oportunidades para nuestro desarrollo.

¿Cómo podemos encontrar paz en este mundo lleno de maldad? ¿Cómo podemos perseverar o resistir hasta el fin? ¿Cómo podremos vencer las dificultades y las aflicciones que afrontamos diariamente? Ser de buen ánimo y fieles en la adversidad que quiere decir de buen ánimo significa tener esperanza, no desanimarnos ni perder la fe, y vivir la vida con regocijo, cuáles son algunas de esas dificultades, cómo podemos hacerles frente alguna de estas dificultades son la falta de esperanza, de amor y de paz.

Si no tenéis esperanza, os hallaréis en desesperación, y la desesperación viene por causa de la iniquidad, para muchos los años venideros pueden ser años de desesperación.

Mientras más grande sea la iniquidad, más grande será la desesperación, dice la palabra del señor por haberse multiplicado la maldad el amor de muchos se enfriará Mateo 24:12 y a medida que aumenta la iniquidad el verdadero amor desaparecerá, como resultado aumenta el temor, la inseguridad y la desesperación, las guerras, las enfermedades sí a diario ponemos

En práctica, la fe, la mansedumbre, la caridad y la humildad de corazón, confesando que Jesús es el Cristo y aceptando sus expectaciones, seremos bendecidos con el valor y con la esperanza que nos ayudará a hacer frente a vencer las pruebas y los dolores de esta vida.

La adversidad, un componente del plan de Dios para nuestro progreso eterno, cuando las dificultades de la vida mortal nos humillan, nos refinan, nos enseñan y nos bendicen, pueden ser potentes instrumentos en las manos de Dios para convertirnos en mejores personas. He observado que la vida de todos está llena de altibajos.

En verdad vemos mucho gozo y dolor en el mundo, muchos planes que se desbaratan y nuevos rumbos, muchas bendiciones que no siempre parecen y se perciben como bendiciones, y muchas experiencias que nos hacen humildes y aumentan nuestra paciencia y nuestra fe.

Todos hemos tenido estas experiencias de vez en cuando, y supongo que siempre la tendremos, en mi experiencia personal he tenido bastantes desafíos, sufrimiento, desilusiones y fracasos, circunstancias fuera de control.

Como seres humanos, queremos eliminar de nuestra vida el dolor físico y a la angustia mental, y asegurarnos el bienestar y la comodidad continua, pero si cerramos la puerta al pensar y a la iniquidad, tal vez estaríamos excluyendo a nuestros mejores amigos y benefactores. y el sufrimiento no puede hacer santa a las personas, pero si aprenden paciencia, longanimidad y dominio propio.

En esa afirmación, se refiere a cerrar la puerta a ciertas experiencias de la vida, hay puertas que se cierran de continuos en nuestras vidas, y en algunos casos no dan verdadero dolor y angustia, pero sí creo que cuando una de esas puertas se cierra, hay otra que se abre y tal vez más de una dándonos esperanza y bendiciones en otros aspectos de la vida que de otro modo no hubiéramos recibido.

Todo hombre y mujer, incluso los más fieles y leales, encontrarán adversidad y aflicción en su vida porque, la palabra dice y en el mundo tendréis aflicciones. Eso no quiere decir que ansiamos el sufrimiento, lo evitamos en lo posible, sin embargo, ahora sabemos que todo lo superamos cuando elegimos venir a la vida eterna. que aquí seríamos probados en el mundo.

Vinimos a la vida mortal para afrontar la resistencia y la cual forma parte del plan de nuestro progreso eterno. Sin tentación, enfermedades, dolor y pesares, no tendría que haber bondad, ni virtud, ni aprecio por el bienestar, ni gozo, es preciso que recordemos que las mismas fuerzas de resistencia que obstaculizan nuestro progreso también nos brindan oportunidades de superarnos.

En distintas épocas de nuestra vida, probablemente muchas veces, tenemos que reconocer que Dios sabe lo que nosotros no sabemos y ver lo que nos vemos, porque mis pensamientos no son vuestros pensamientos, ni vuestros caminos mis caminos dice Jehová Isaías 55:8 si tenemos problemas en el hogar por hijos descarriados, si sufren reversos financieros y tentaciones emocionales que amenazan sus hogares y su felicidad, si deben afrontar el tener que perder la vida o la salud, que la paz llegue a su alma.

Tenemos todos los motivos para ser optimistas y estar confiados aún en los momentos de dificultad, siempre ha habido y siempre habrá algunas dificultades en la vida mortal, pero sabiendo que sabemos, y si vivimos de la forma en que debemos vivir, no hay lugar mi excusa para el pensamiento ni la desesperación, en mi vida he visto que no hay justo desamparado ni su descendencia que mendigue pan.

He atravesado la desesperación, el fracaso y la pérdida de seres queridos, incluyendo la pérdida de la salud, pero he conseguido superar todo lo que ocasionó bastantes problemas en mi vida. Se sabe por todo el mundo. mientras eso sucede, por lo tanto, espero que no pienses que todas las dificultades del mundo te han acumulado en su década. ni que las cosas nunca han estado tan mal como lo están ahora para ustedes es lo personal ni que nunca dejarán.

Les aseguro que las cosas han estado peor y que siempre mejorarán, siempre lo hacen especialmente cuando vivimos y amamos el evangelio de Jesucristo y permitimos que florezca en nuestras vidas. Cada problema tiene consigo la semilla de algo igual o mejor. Este paso es el quinto, es un pilar, es algo que nos sostiene si todo lo demás nos funciona y este no lo podemos resistir se echará a perder todo.

Te invito a que resistas si en algún momento sientes que no puedes hacerlo haz esta pequeña oración señor Jesús dame fuerzas cuando no tengo ninguna sigo firme creyendo que tú tienes un plan mejor que el mío me deposito en ti y confío que tú estás en el control amén.

CAPÍTULO 20: DESPUÉS DEL DESIERTO

Las características de un desierto natural son fácilmente e identificables al corresponder a un suelo árido donde las temperaturas son extremas y las precipitaciones muy escasas, en realidad, el bioma desértico es el más seco y todos, con un paisaje prácticamente desnudo donde la ausencia de vegetaciones es palpable se trata de medios particulares más hostiles.

Sus características no se escucha muy alentadoras, esa es la razón por que cuando pasamos por momentos difíciles, inexplicables duros áridos, hostiles en nuestras vidas lo llamamos desiertos sintiendo cómo una sensación de descanso al salir de ella un desierto espiritual no tiene mejores características es un lugar idóneo para madurar en la oración en nuestra humildad en el silencio del alma, al sentir que nos encontramos en un desierto buscamos y luchamos para encontrar una fuente de agua tan ansiada.

El desierto puede ser digno del castigo que guarda a los rebeldes. Ser símbolo del resultado de un liderazgo negligente. Así como un signo de advertencia del juicio divino, pero también puede significar que estamos caminando hacia una tierra prometida, esto varía dependiendo en la situación que nosotros estemos experimentando.

Hago referencia, por una parte, a la fuerte capacidad de los seres humanos, para sobrevivir, pero no solo eso, sino que para vivir en medio de condiciones extremas. El desierto tiene un propósito y en que el propósito de Dios no es que nosotros suframos estando en el desierto, el caminar por ese desierto nos ayuda a alcanzar espiritualmente el nivel que Dios quiere que nosotros tengamos hasta llegar a ser como él quiere, y las circunstancias proveen el ambiente que se necesita para crecer espiritualmente.

La experiencia del desierto al inicio es abrumadora, acomplejada unos minutos después; sin embargo, sucede lo siguiente los sentidos se afinan y se empiezan a escuchar con mayor claridad los propios pensamientos, empieza a aflorar con fuerza lo que uno lleva en el corazón ahí en ese momento, es donde se juega todo lo que viene, pues podemos decidir hacia dónde queremos seguir nuestros siguientes pasos, ahí aunque uno no lo vea. Nos está dando la forma de lo que vamos a necesitar saliendo de Él, no es solo cuestión de sentimientos, es ir a lo que es esencial.

Y en la desesperación que uno realmente se aferra y busca lo que necesita, no lo superfluo que termina siendo y reversible, se vive así una de las experiencias más importantes y que termina siendo una bendición que nadie es autosuficiente, y que estamos radicalmente necesitando a Dios. Como les dije anteriormente, no sabemos si estamos siendo castigados por Dios por lo malo que somos o que realmente él está molesto y no se está tratando de quitar la vida o simplemente quiere que tomemos esa forma que necesitamos para poder vivir en ese lugar de gozo y de paz a donde él nos está dirigiendo Jesucristo comenzó su ministerio yendo al desierto y eso me hace pensar que en realidad Dios no estaba tratando de castigarlo porque en su corazón y en su vida no había pecado ni maldad, y cuando Dios sacó su pueblo de Israel de la esclavitud de los egipcios también los hizo cruzar por 40 años un desierto que les dio la forma para poder ir aquella Canaán terrenal que Dios había prometido para ellos hay promesas en nuestras vidas que ya están de parte del señor seleccionadas y determinadas para nosotros y antes de llegar a ellas pasaremos por el desierto de nuestras vidas para que cuando lleguemos tengamos tan adentro la forma de Dios el corazón formado conforme el corazón de él y sobre todo que espíritu Santo More en nosotros como un solo espíritu para estar con nosotros en el lugar donde Dios nos quiere poner.

Es necesario que, al salir de él, lo dejemos atrás para poder disfrutar del galardón que hemos de recibir por haber cruzado y haber salido de toda prueba de toda dificultad de todas situaciones difíciles que pudimos haber cruzado en el tiempo de nuestra estadía en el desierto.

Esfuérzate por salir de ahí, no te acostumbres a sobrevivir y acomodarse y hacer tu lugar de habitación, el desierto no es un lugar para vivir ahí. reconoce que es eso es un transitorio es un camino que te está llevando hacia otro lugar Josué estaba en el desierto cuando Dios le dijo levántate y esfuérzate y sé valiente no temas y no desmayes porque yo estaré contigo dondequiera que tú vayas. yo te digo a ti esas palabras las activo en tu espíritu para que cualquiera que sea tu situación o en el lugar donde estés en ese tiempo sin importar, cuánto tiempo estás en el desierto pueden ser muchos años, pueden ser meses o puede ser días, pero sí te levantas y esfuerzas y toma la decisión de salir de ahí valdrá la pena haberlo cruzado valdrá la pena esforzarte, por no quedarte en ese lugar, te animó es más Difícil quedarse a vivir para siempre que esforzarse para salir del.

CAPÍTULO 21: EL PODER DE LA PERSEVERANCIA

Al estar escribiendo estos capítulos de estos diez pasos para Tíbar lo sobrenatural de su Espíritu la verdad experimente que estaba caminando sentí como si realmente fuese muy difícil lograr ver lo sobrenatural en nuestras vidas, pero al final quiero compartirte que vale la pena, ya que al caminar y procesar todo esto tendremos una recompensa es más dura la vida y más difícil si simplemente no lo hacemos, el poder de la perseverancia, no es la excepción, ya que como seres humanos tenemos la tendencia de rendirnos con facilidad se nos hace más fácil desistir de lo que queremos o soltar la toalla como en algunas ocasiones podemos decirlo, o simplemente ya no avanzar.

Vamos a crear el hábito de seguir luchando ante la adversidad sin importar los retos y las dificultades que tengamos que enfrentarnos, las personas que son perseverantes tienen un propósito definido, saben lo que quieren lograr, se comprometen con sus metas y no descansar hasta hacerlas realidad. Jesucristo nos dice que el que persevera hasta el fin este será salvo. perseverar significa permanecer firme en el compromiso de ser fiel a los mandamientos de Dios a pesar de la tentación, la oposición y la adversidad. .

En lo laboral la perseverancia es una más de las competencias profesionales tan valoradas, y se basa en la capacidad de tener la firmeza y la constancia necesaria para conseguir los objetivos que se proponen. Y en este caso usaremos todas esas cualidades, para activar el poder sobrenatural de tu Espíritu.

Consejos que podrían ayudarnos.

Conócete a ti mismo. Si te conoces a ti mismo notarás con facilidad si estás logrando algo o simplemente no estás sintiendo nada. Podrás presidir con más claridad al Espíritu.

Conserva la perspectiva. Si tienes una perspectiva eso significa que estarás a la espera con ansiedad a cualquier a cambio y estarás dispuesto, como cuando tienes un compromiso y sabes que a la hora que ese compromiso se llegue estarás listo eso es una perspectiva dirás podré este día avanzar y llegar hasta esta meta, si sabes exactamente hasta donde llegar sabrás cuándo no lo lograste.

Mantén tu objetivo a la vista. Algunos usan fotos o revistas, cosas que les estén recordando letreros y otras cosas así. Y otros tenemos la habilidad de simplemente no desenfocarnos, sabemos que el objetivo es llegar a donde nos hemos propuesto o alcanzar el nivel espiritual que queremos o simplemente sabemos exactamente. qué es lo que en nuestro corazón está, y no lo apartamos de nosotros, aunque estemos haciendo otras cosas y estamos dirigiéndonos hacia otros lugares, está enfrente de nosotros, sabemos que lo vamos a lograr.

Ve un paso más adelante. Eso quiere decir que si mi meta es llegar a cien un paso adelante será ciento diez hacer más, no solo lo requerido sí necesitas bajar diez libras busca bajar Veinte. Si estás queriendo tener mayor crecimiento espiritual o poder profetizar más o estás buscando un éxito mayor tendrás que dar un paso más, no puedes hacer lo suficiente bueno, sino que tendrás que esforzarte para hacerlo extraordinario.

Crea procedimientos para que las tareas sean repetitivas.

Este es un gran ayudador, ya que al crear procedimientos que te vuelven a llevar a lo mismo estarás creando un hábito y en un momento de tu vida lo estarás haciendo automático, ya ni siquiera estarás pensando que estás alcanzando metas, simple y sencillamente las alcanzarás, si las multiplican y cada una de tus habilidades tú destrezas o tus dones están en crecimiento constantemente porque has creado una forma para que se dupliquen o se repitan constantemente.

CAPÍTULO 22: EL PROPÓSITO DE LAS PRUEBAS

Sea a quien sea, y donde sea que la prueba se presente, el propósito de ella es invariablemente, el descubrir que de qué estamos hechos interiormente y en quien estamos confiando; en definitiva, la paz y la fortaleza se encuentra al venir a Cristo y confiar en él, como lo hizo Josué de Egipto. Si hacemos esto, todas nuestras pruebas pueden convertirse en el tipo de prueba que nos ayudan a acercarnos más a Dios y llegar a ser más semejantes a él, pero, ¿qué es una prueba?

Como dijo el apóstol Pablo golpes, naufragios, peligros, necesidades físicas y todo lo demás a lo largo de la vida, y sus experiencias, ¿qué hacer en medio de la prueba? Al manifestar vuestra fe, en medio de la tribulación, les aseguramos que la furia del adversario no es fatal, como tener paz en medio de las pruebas acudir a Dios no te librará necesariamente del dolor, pero si puede ayudarte a encontrar un poco de consuelo, acuda a Jesús, escucha el Espíritu Santo, lee las escrituras y tienda una mano a los demás.

Jesús oró al padre por nosotros. no ruego que los quites del mundo, sino que los guardes del mal.

Esta oración será contestada en nuestro tiempo y a la hora de nuestra dificultad, por nuestro padre celestial de acuerdo con vuestra fe. Como mente se escucha decir, qué dios pone las pruebas y tomamos una lucha constantemente, creyendo que dios lo ha hecho para hacernos mejores en algún área de nuestras vidas.

Yo creo que las pruebas y las dificultades son parte de la vida, es mi opinión por todas las cosas que hemos tenido que vivir porque buenos y malos pobres y ricos grandes y pequeños pasamos dificultades, la diferencia es con quien pasamos nuestras dificultades si tenemos fe y activamos el dónde nuestro espíritu se nos hace mucho más fácil salir. de cualquier situación difícil que la vida nos presente en ese momento que tenemos una recompensa, yo soy lo más claro ejemplo de eso que por cada recompensa, por cada prueba, tenemos un galardón, incluyendo hasta los momentos que menos pensamos, especialmente en esos tiempos donde la situación difícil nos causa mucho dolor como creer que lo que duele puede ser por algo.

Bueno, en realidad es que el dolor no dura para siempre el dolor sana y nos hace más fuertes y entonces encontramos en esa situación difícil o circunstancia de dolor poder encontrar algo bueno recuerdan a Pablo y Silas estaban presos estaban encadenados en una cárcel, pero ellos en vez de ponerse a quejar y sentir que dios no era justo porque había permitido que los tomaran preso injustamente y los encadenaron y los azotaron y los pusieran allí por causa de que predicaban el evangelio de Jesucristo estaban allí en vez de quejarse y estar renegando decidieron adorar a dios en medio de la dificultad y la prueba difícil que estaban pasando tomaron una acción diferente y dijeron vamos a lavar a dios vamos a cantar, adorar al dios vivo y dice la escritura que las cárceles fueron abiertas y que las cadenas fueron rotas y que todos los que estaban en la cárcel pudieron ver lo que Dios hizo es exactamente lo que sucede en una dificultad o un momento difícil que puedas estar pasando si estás con Dios y permites que el Espíritu Santo que está en ti te guíe hacer lo que vas a hacer en vez de quejarte y renegar y levantarte en contra de lo que está sucediendo u otras cosas parecidas a estas sucedan y adoras y le das gracias a Dios y le hablabas y le glorificas que sea tu cadena que te esté atando o tu cárcel que te esté sosteniendo puede ser la cárcel de la pobreza puede ser la cárcel de la escasez de la miseria puede ser la cárcel de la esclavitud de falta de paz y gozo.

Puede ser la cárcel del dolor, la pena puede ser las cadenas de opresión, de amargura, de desamor, de descontento, de Dios, de envidia y todas esas otras cosas que existen en tu vida se romperán y sin importar quién te esté azotando quien sea tu verdugo tendrás que soltar el arma con la que te está lastimando. porque tu espíritu activado al espíritu Santo de Dios tendrá poder y autoridad para liberar, para sanar, para romper todo yugo, toda cárcel, toda cadena, toda maldición y todo lo que tú puedas decir, en este momento las pruebas solo son la oportunidad para sacar lo que tenemos dentro. no van a terminar, siempre van a estar allí día con día, pero todos los días será una victoria.

Todos los días verás la gloria de Dios manifestándose a través de tu espíritu y en vez de quejarnos de las pruebas y las Dificultades, nos gozaremos y nos regocijamos en cada una de ellas, porque en vez de estar viendo el dolor y la pena que causan la tristeza y el desánimo que vienen a través de ellas estaremos viendo la victoria que Dios nos da estaremos viendo la mano de Dios sobre nosotros, el poder sobrenatural en nuestras vidas que hay, y la perspectiva de la vida cambia definitivamente.

CAPÍTULO 23: CONFÍA EN DIOS CUANDO LAS COSAS NO VAYAN BIEN

Indagar dentro de nosotros es la tendencia persistente de confiar en otras cosas además de Dios. Todos nos encontramos en un constante de desafíos y cargas y a veces estos problemas se sienten abrumadores, como el desempleo, presión financiera, depresión, un adolescente rebelde, la muerte de un ser querido, una decisión difícil, un sentimiento de fracaso, debilitarte, dolor de espalda, problemas de salud, problemas en un matrimonio, un gran proyecto en el trabajo, y mucho más. En el libro de Juan Jesucristo, nos enseñó que tendremos tribulaciones en este mundo.

San Juan 16:33 Estas cosas os he enseñado para que en mí tengáis paz. En el mundo tendréis aflicción; pero confiad, yo he vencido el mundo.

Cuando enfrentamos estos desafíos, confiamos en Dios o confiamos en otras cosas, confiamos en nuestros propios esfuerzos, por nuestros propios recursos y en nuestro propio pensamiento, buscamos primeramente a otras personas para guiarnos, rescatarnos o protegernos, confiamos en nuestra cuidadosa investigación, nuestros esfuerzos diligentes nuestra red.

En nuestra dependencia de los mejores médicos y consejeros más sabios, Dios puede usar cualquier de estas cosas, por supuesto, y él con frecuencia lo hace, pero en nuestro corazón donde está nuestra confianza. Está nuestra confianza en Dios para guiarnos y liberarnos.

O está nuestra confianza en nosotros mismos o en otras personas, sentimos un profundo sentimiento de desesperanza al recordar, reconocemos que Dios puede utilizar alguno de estos recursos, pero nuestra confianza última está solo en Dios.

Sentimos profundamente que necesitamos al señor que Dios se deleite en el hombre y la mujer que elige confiar en él. A Dios le encanta.

Hubiese sido fácil para un rey poderoso, como David, confiar en sus carros y sus caballos se esperaría que un general brillante, como David confiara en su estrategia y astucia, sería fácil, pero un poderoso gobernante como David mirara a sus oficiales y sus ejércitos, pero eso no era la forma en que David vivió otros pueden confiar en sus propios recursos, pero no David no el hombre con el corazón como el corazón de Dios en cuanto a David, confiaba en Dios, algunos confían en carros y otros en caballo, pero nosotros confiamos en el nombre del señor nuestro Dios, que sea a sí mismo para ti y para mí.

Salmos 27, estos confían en carros, y aquellos en caballos; Más nosotros del nombre de Jehová nuestro Dios tenemos confianza.

Algunos comentan que nosotros, los que confiamos en Dios por cobardía, confiamos. En mi opinión, confiamos porque somos valientes porque es más fácil tener la esperanza puesta en lo que está enfrente de nosotros, es más fácil confiar en un médico cuando estás enfermo porque el médico está ahí, tu mente te dice que tiene el conocimiento para hacerlo. más hemos podido dar por certificado que ellos no pueden sanar a nadie, más Dios a través de ellos puede sanar a muchos enfermos, si esa es la forma en que él quiere.

En otras ocasiones hemos visto que Dios mismo, sin la intervención ni la ayuda de la ciencia o de médicos, cirujanos especialistas, has hecho las mejores cirugías y ha dado sanidad. hay muchos que lo hemos experimentado. te motiva a que cualquiera que sea tu situación, ahora tu circunstancia así seas lo más simple o complicado. Si estás tratando de resolver con lo que tiene tu corazón y confianza, que tu confianza se ha puesto en el señor.

CAPÍTULO 24: EL PODER DE LA RESILENCIA

La capacidad de adaptarse y sobrepasar los problemas y dificultades, cuando las opresiones, el estrés, la adversidad, los traumas de los golpes, y a pesar de eso se puede continuar funcionando a nivel físico y psicológico, pese a aún experimentar ira, enojo sufrimiento y dolor, Pena y angustia. Al ser consciente de sus potencialidades y limitaciones. Las personas resilientes se sienten confiadas en lo que son capaces de hacer y asumen las dificultades como una oportunidad para aprender.

Las personas con un alto nivel de resiliencia son capaces de ver más allá de esos momentos y no desfallecer. Aprendamos sobre este valor esencial para los momentos difíciles, una forma de alcanzar la resiliencia es a través de la capacidad de rehacernos, o renovarnos día a día, logrando que nuestra relación con el entorno, a los demás personas, se transforme positivamente según lo que vamos aprendiendo y experimentando.

Cuatro tipos de resiliencia podría haber más, pero en mi espíritu siento que son de las que el señor quiere que hablemos en este tiempo Podemos manifestar cuatro tipos de resiliencia en lo personal y ayudar a alguien más hacerlo, siempre de la forma comprensiva y amorosa.

Resiliencia Social: Con ella obtenemos la capacidad de establecer relaciones seguras y sanas con los demás en todos los ambientes sociales, con el gobierno y con la sociedad, con todo lo que nos rodea, que está en distancia o cerca de nosotros.

Resiliencia laboral /o escolar Nos brinda las habilidades necesarias para adaptarnos a los retos y adversidades, en el ámbito educativo o en el trabajo.

Resiliencia Emocional: corresponde al bienestar psicológico y emocional que se mantiene ante las perturbaciones o frustraciones o las situaciones estresantes que pueden acontecer nos

Resiliencia Espiritual: quizás la palabra resiliencia te suene un tanto extraño o es desconocida. En mi caso me pareció única, ya que por primera vez escuché esta palabra, no obstante, dicho término representa una calidad digna de ser emitida por el creyente en Cristo. La resiliencia como tal suele definirse de forma sencilla como la capacidad de los seres humanos para adaptarse positivamente a las situaciones adversas.

La palabra resiliencia viene del término latín, resalió, qué significa, volver atrás, volver a un salto, resaltar, rebotar, e indica repetición o reanudación. El término se adaptó al uso en psicología y otras ciencias naturales o sociales para referirse a las personas que han pasado de sufrir situaciones extremadamente fuertes y no son afectadas psicológicamente por ellas. Dios desea que su pueblo, desarrollo y resiliencia espiritual.

La Biblia nos enseña ejemplos de resiliencia en diferentes escrituras. Vemos cómo los diferentes personajes en la biblia pudieron volver a comenzar, después de haber sido procesados y dañado fuertemente por cosas que pudo haberles, frustrado o limitado a continuar haciendo lo que habían sido llamados a hacer.

Cómo activarla en nuestras vidas, el espíritu es la fuente de la resiliencia en dónde radica la transformación y conversión, donde un golpe nos hace rebotar y llegar a otro lugar, donde no llegaríamos si no hubiese sucedido. la fuente de la resiliencia personal es el espíritu.

Él puede llegar a ser el obrero, salvavidas, socorrista, libertador y paramédico de la tragedia, personal que es demandado para su reconstrucción. El Espíritu no se limita con nuestros enemigos, no se cansa, no se distrae ni tampoco anda a ciegas buscando sobrevivientes. Él simplemente es el poder sobrenatural inexplicable que podemos beneficiarnos con el simple hecho de darle lugar en nuestras vidas. la resiliencia en mis propias palabras es la manifestación del espíritu, renovando todo lo que en nosotros ha sido destruido, dañado o lastimado y permitiéndonos continuar la vida como si nunca hubiese sucedido nada.

Siete manifestaciones que contiene una persona cuando es resiliente:
- La independencia. Desarrolla una habilidad sana y segura, sin tener que necesitar de los demás y no me refiero a tener una actitud arrogante de no necesitar a nadie más, es simplemente que se desenvuelve, se desarrolla y sus éxitos son acreditados a sus decisiones y propias habilidades.

- La capacidad de iniciativa: significa que, aunque las cosas no hayan salido bien, y no se recibió lo que se esperaba, se puede reinventar y comenzar de nuevo, iniciar las veces que tenga que iniciar con diferentes creatividades hasta lograr lo que se ha propuesto Una persona que tiene iniciativa propia no espera que le digan qué hacer ella dice que es lo que va a hacer y pide a los demás que le ayuden a hacer lo que ella se ha propuesto.

- La creatividad. Es una forma de pensar como dije ante la mente millonaria, siempre están creando, su mente es creativa, productiva y se renueva, constantemente es una habilidad que no puede fallar, ya que siempre está creando

La ideología personal, Cómo seres humanos, somos resistentes, es decir, tenemos la capacidad natural y espiritual de afrontar las adversidades y en las circunstancias más difíciles podemos encontrar los beneficios de ella. Es importante que el conjunto de ideas fundamentales que caracterizan el pensamiento de una persona esté fundamentado correctamente.

El sentido de humor,

Se estima como una de las fortalezas del ser humano, se liga a una capacidad para experimentar o ponderar una reacción muy específica, la risa, ya sea observable o no y de esta manera obtener o mantener un estado de ánimo positivo. Es un estado de buen ánimo, es decir, no se trata de una emoción en particular, que en general necesita de algún estímulo externo concreto y resulta más bien pasajera. El buen humor es una situación menos intensa y específica, pero que permanece durante un tiempo más prolongado.

La capacidad de interacción.

Las habilidades de interacción son un conjunto de conductas que los seres humanos sienten, dicen y piensan, las habilidades básicas de interacción son respuestas específicas a situaciones concretas. Teniendo una clara capacidad de comunicar, sentimientos y emociones o de identificar problemas y evaluarlos, modulación de expresión emocional.

La habilidad de perdonar. Aunque he escrito todo un capítulo del poder de perdón, quiero ser específica que esta habilidad que experimentamos A medida que vamos superando el sufrimiento, dolor, rechazo y todas esas cosas que nos hacen daño vamos creando una destreza como una decisión rápida, hoy me hicieron daño mañana ya lo olvide o ya lo perdone, renovando mi pensamiento y no permitiendo que la raíz de amargura o las cicatrices del dolor sigan lastimando es una habilidad que podemos desarrollar todos si nos lo proponemos sin importar que tan fuerte sea la ofensa o el daño causado. Porque entendemos que perdonar nos hace un bien a nosotros.

Paso 6: Deja atrás el pasado

PASO 6: DEJA ATRÁS EL PASADO

Deja el pasado es una frase que escuchamos comúnmente, pero no es tan fácil de hacerlo a menos de que tomemos la decisión de perdonar y dejarlo ir, compartiré contigo técnicas que pueden ayudarte a dejar el pasado atrás.

En la escritura dice Isaías 43:18 No recuerdan las cosas anteriores, no consideran las cosas del pasado, para que yo haga algo nuevo.

-Aprenda del pasado: Pero no se quede, ahí sigue avanzando, cómo aprender de los errores del pasado, los fracasos también son positivos.

Cada vez que fracasas no te sientas mal por haberlo hecho ni te culpes de ello, sino todo lo contrario no tengas miedo de equivocarte, aprender a perdonarte y reconocer el error te ayudará a una experiencia más satisfactoria, debes de sentir que estás aprovechando por lo menos lo suficiente mente aquellas enseñanzas que nos deja cada error que cometemos, y si quieres de alguna manera encontrarle para después poder hacer lo mejor es por eso que en este artículo vamos a explicarte de manera detallada cómo aprender de los errores cometidos por medio de una forma simple y sencilla de aprender de ellos.

Utiliza el nuevo aprendizaje a tu favor, después de haber encontrado el aprendizaje a cada error que has cometido. Una vez que eres totalmente consciente de él, aprovéchalo y utilízalo a tu favor, de manera que en la siguiente ocasión que te ocurra algo similar, hagas uso de esas nuevas herramientas que has adquirido para salir adelante ante esta situación.

Así que cada vez que te equivoques, asegúrate de haber adquirido ese nuevo conocimiento para hacerlo mejor en la próxima. un error que cometemos frecuentemente las personas es que seguimos repitiendo constantemente, es que en lugar de disfrutar de nuestro aquí, ahora seguimos torturándolos por cuestiones del pasado, en este caso de los errores o preocupándonos, por lo que no puedes parar el futuro, lo mejor que podemos hacer es estar en el aquí ahora y disfrutarlo y por la única razón, al cual debemos volver al pasado, es para utilizar en el ahora aquel aprendizaje que tuvimos de habernos equivocado antes. pero nada más, es decir, solo traer al presente información y conocimientos que nos pueden servir ahora de utilidad y desechar aquello que nos genera sufrimiento, no te pierdas todas las bendiciones que se adquieren por olvidar el pasado y vivir el presente.

-Exprésate, no siempre tienes que quedarte en silencio sin ofender, por supuesto quienes no saben expresarse dicen solo algo parecido a lo que piensan y al hacerlo confusamente logran ser malinterpretados, lo que provoca incomprensión y malentendidos.

-Deja de señalar con el dedo, entre más acusamos a los demás, menos avanzamos hacia el futuro porque nos estamos entreteniendo. El señor nos ha dado una advertencia para guiarnos en los juicios que nos formamos de los demás. Porque con el juicio que juzgáis, series juzgadas: y con la medida que midáis, se os volverá a medir. A través de la comunicación es posible el acuerdo y, por lo tanto, es posible evitar el juicio, procura tener empatía: puede que tengas razón, no te la quiero quitar, pero quiero ayudarte a hacer justo ponte en su lugar y has lo que te gustaría que hicieran contigo si hubiese sido tú que hubieses cometido el error.

-Concéntrate en el presente: Lo que puedes resolver, lo que todavía puedes arreglar Y suelta lo que ya no puedes cambiar Vivir en el presente puede ser una forma de estar en el mundo que resulte plena, positiva y enriquecedora. Sin embargo, algunas personas se ven abocadas a repetir una y otra vez sus errores del pasado y se sienten atrapados por momentos y situaciones que en realidad les gustaría dejar atrás, no es posible avanzar cuando sientes que el pasado te ahoga porque nos quedamos atrapados en algunos momentos de nuestra vida.

Cómo para poder conectarse al momento presente se practica la inteligencia espiritual. Encontrar el momento tranquilo del día por la mañana, justo después de despertar, antes de acostarte, al terminar la jornada, después de comer al mediodía. o cualquier otro momento que se considere apropiado. Para meditar'

-Perdona, a quienes te hicieron daño, incluyéndote a ti mismo. Este es un proceso que haciendo actos proféticos podemos alcanzar a perdonar, es necesario hacerlo, ya que no podremos dejar el pasado si el pasado todavía nos causa dolor, tristeza y amargura o pena en alguna Área de nuestras vidas, soltarlo, dejarlo ir a perdonar nos trae paz interior alcanzamos el gozo, la alegría y sobre toda la armonía de nuestro espíritu, que con tanto anhelo deseamos. Lo que la mayoría de las personas hacemos cuando cometemos un error es criticarnos a nosotros mismos y tratarnos mentalmente mal, nos torturamos y vemos únicamente lo negativo que ha sido para nosotros el haber cometido ese error.

Si tu voz interior está actuando en tu contra y hasta este momento te sigue recriminando los errores del pasado, Es hora de que le pongas un alto y le enseñes que de ahora en adelante actúa únicamente a tu favor, pero de qué manera podemos cambiar Nuestra voz interna y volverla a nuestro favor antes que nada, tienes que tomar en cuenta que para lograrlo se requiere de tiempo y decisión, ya que toda la vida nos hemos estado recriminando a nosotros mismos destructivamente vamos ahora a comenzar a entrenar a nuestra mente para que sea nuestra ayuda y para que sea buena con nosotros y auto compasiva para ello es necesario que seas consciente que tanto te autocriticas a ti mismo, identifiqué cada vez que lo hagas y finalmente en cada ocasión que te ocurra a ti mismo haciéndolo cambies a ese diálogo interno, puedes en ese momento imaginar que a quien le hablas esa tu mejor amigo y que él es el que ha cometido un error y que necesita de tu consuelo y aceptación, por lo que tienes que hablarle con cariño, consolarlo y aconsejarle de la mejor manera que puedes para que lo haga mejor la próxima ocasión.

CAPÍTULO 25: ARRANCA LA AMARGURA

La amargura es una carga demasiado pesada, que no vale la pena llevarla por mucho tiempo, alguno de los síntomas de una persona amargada se puede realizar tanto en sus áreas físicas como en la emocional y espiritual. Síntomas físicos, pueden ser presión arterial alta, insomnio, desórdenes estomacales, problemas intestinales, enfermedades cardiacas. Los síntomas emocionales, inseguridad, ansiedad, preocupación, depresión, temor, los síntomas espirituales, pérdida de visión de la vida, pérdida del propósito, pérdida de la fe.

Recuerde que la amargura es la suma de heridas, de rechazos, resentimientos, frustraciones, iras y dolor. algunas recomendaciones para manejar la amargura es determinar la causa principal de la amargura, perdonar y perdonarse y entregar a Dios los deseos de venganza, renunciar a los derechos de seguir, aferrándose a las heridas, pasadas, hablar del enojo con Dios y con un consejero o alguien que le guíe espiritualmente será de gran ayuda, considerar los intereses de otros, hablar y actuar con humildad, se debe tener presente que la amargura procede del modo de pensar e interpretar las situaciones. Por lo tanto, se debe observar los pensamientos y detectar cuando están fomentando amargura luego se les debe modificar por pensamientos positivos y constructivos.

Como dije anteriormente, la amargura se va desarrollando por nuestra manera de pensar siendo que algunas personas se molestan, se enojan y crean amargura en su vida, porque piensa que alguien les lastimó o les hizo sentir de menos o no les tomó en cuenta, a raíz de eso, permiten que en su corazón entre el odio, el enojo y eso va a creando la amargura en el corazón y en algunas ocasiones, las personas que le lastimaron no tuvieron la intención de hacerlo. O no se dieron cuenta del daño que se estaba haciendo.

Y aunque no podemos justificar todos los actos de la demás personas, ni tener control del daño que nos puedan causar, sí tenemos control absoluto de cómo pensar nosotros y que hacer nosotros con el daño que nos han hecho.

Se considera que una persona amargada es aquella que se enfoca negativamente en el mundo exterior, pensando que le ha sido tratado injustamente según el pensamiento propio, la palabra amargura significa aflicción, sinsabor, disgusto, pesadumbre, melancolía, muchas veces la amargura es un resultado de un resentimiento se vive una ofensa al no perdonar, la ofensa se convierte en ira o en dolor y esto se convierte en odio este odio se convierte en amargura, que es la flexión del alma nadie puede ser feliz y tener paz en su corazón si está lleno de amargura.

Y esto también nos impide a tener conexión directa con el espíritu Santo, ya que si nuestro corazón hay falta de perdón o raíces de amargura, el Espíritu no va a fluir, de la manera que necesita fluir para que podamos ver todo lo sobrenatural del Espíritu o experimentar los milagros que a través de él recibimos como dejar de ser una persona amargada identifica los catalizadores de tu amargura y evítalos.

Incluye un nuevo hábito de pensamientos positivos e incluyendo pasatiempo y tu rutina que te ayuden a ser feliz, participa más en tu iglesia u obras de caridad, o cosas que te relacionen con la felicidad, practica el perdón y regula tus expectativas. Haz ejercicio de manera regular y amplía tu círculo social.

En este capítulo queremos crear conciencia de que tenemos que sanarnos, superarnos, educarnos, motivar e influenciar a otros para que mejoren nuestra calidad de vida, perdonando y siendo felices pese lo que nos haya tocado vivir, y buscando la oportunidad que nos trae un momento difícil en la vida, porque detrás de cada adversidad puede haber una gran bendición.

CAPÍTULO 26: SANA LAS HERIDAS EMOCIONALES

Si quieres sanar las heridas emocionales, es necesario dejar de pensar como víctimas en vez de seguir culpando a los demás de nuestras desgracias, lo mejor es hacernos responsables de ahora en adelante de nuestra felicidad, no reprimas lo que sientes aprende a perdonar y piensa en el presente.

La gran mayoría de seres humanos creen que reprimiendo lo que sienten demuestran que no sienten nada, pero esa no es la solución. La solución es no reprimir y soltarlo es abrir el corazón para que cualquier daño emocional que se haya causado en el alma, nosotros podamos sanar. comparándolo con una herida si te cortas y no desinfecta y sacas todo, no sanará especialmente cuando hay algo que está todavía en esa cortadura.

Imagínate que te caes y pones tu mano para detenerme en el suelo y una de las estacas de esos pedazos de árbol caídos y una de esas estillas pequeñas se introduce en tu piel llegas a tu casa, te limpias la sangre que se derramó pones una venda y dejas la estilla de aquel árbol que se introdujo en tu piel y pasa una semana y la madera sigue dentro de tu piel y la piel de encima sana en esa herida.

En realidad nunca dejara de doler o molestar hasta que sea removida la madera que se quedó dentro, eso sucede cuando nosotros nos hemos sentido heridos o lastimados por personas que ni siquiera se dieron cuenta de que nos habían lastimado u ofendido, cuántas veces te ha sucedido que alguien se molesta contigo se siente ofendido por ti y tú ni siquiera te diste cuenta de que le lastimaste por qué no creías que en sus emociones esta persona no era sano o no tenía conocimientos más avanzados de este tema y se sintió lastimado, y nunca lo sana, nunca te busca para decirte mira me sentí lastimado u ofendido por esta acción tuya o por esta forma de tratarme simplemente se va y empieza a quejarse de que le lastimaste y habla de ti que tú eres malo que le hiciste daño que le ofendiste, no te molesta a ti, pero si a ellos porque ellos están esclavo de este dolor de esta pena y sobre todo se causa una herida en el alma, el alma es el lugar donde están nuestras emociones y lo expliqué en él en el capítulo anterior ahí van las emociones de nuestros sentimientos, que si me vieron mal.

Me resiento que si no me tomaron en cuenta, me siento mal resentida y vamos coleccionando así pedacito de madera dentro de nuestra piel en este caso dentro de nuestra alma y nunca lo sacamos nunca digo me molesta el rojo de mi vecina yo nunca digo me siento incómoda cuando no me dan el lugar que yo creo que me merezco, y frases como esas muy comunes que pareciera mentira, pero es tan real que tiene a toda la humanidad lastimada en el alma herida en sus emociones, porque en algún momento fuimos heridos o lastimados y no hicimos nada para sanar, cuando pasa el tiempo y nos damos cuenta de que por encima esa situación parece que ya está sana.

Pero no está por dentro en realidad todavía está el problema, sácalo abre esa herida si tienes que pedir perdón hazlo y si tienes que perdonar a alguien perdona si ya no tienes contacto con esas personas por qué ya no está, y no consigues cambiar la situación, o no puedes volver el tiempo atrás simplemente haz un acto profético dilo en voz alta, yo perdono y sano hoy toda herida del alma, perdono el daño que me hicieron saco de mí el dolor la pena, la auto lástima el sentimiento de víctima, que está causándole heridas en el alma, renuncio a ellas, renuncio a todo daño emocional y espiritual que haya sido causa de mi alma para detenerme para que no reciba la activación del espíritu santo en mí, declaró que toda herida en mi alma hoy es desinfectada y removido cualquier cosa que allá quedado de mi pasado lo remuevo de mi vida en el nombre de Jesús.

Son pequeños actos proféticos, o son oraciones del alma que necesitamos para sacar de ahí lo que se ha quedado introducido, y no Sanaremos si no lo sacamos, te motivó que lo hagas hoy, saca el dolor, saca la lástima deja de condición de víctima, toma responsabilidad que tu felicidad es tuya, es única y exclusivamente tu responsabilidad y no la de los demás. Si tu mente argumenta que la persona que te lastimó lo hizo intencionalmente y lo provocó porque así quería.

No te estanques en eso no importa, ya que de todas maneras eso no hace la diferencia, lo más importante es tu sanidad sin importar los demás sí lo hicieron con intenciones o lo hicieron inconscientemente, lo más importante es que tú necesites sanarlo.

De lo contrario, el Espíritu Santo de Dios no podrá conectarse. En tu espíritu para que se convierta en uno solo. Esta es una muy buena razón para trabajar en sanar nuestras heridas del alma. Cómo saber si hemos sido heridos emocionalmente, los signos de estas heridas se evidencian de infinitos modos, como, por ejemplo, ansiedad, depresión, fracaso, en las relaciones, pensamientos negativos u obsesivos, mayor, vulnerabilidad hacia determinados, trastornos, problemas del sueño, actitud, de, defensiva o agresiva, inseguridad, miedos, desconfianza.

Toma en cuenta que estas solo son las evidencias de que hemos sido heridos en el alma, el problema no es una actitud defensiva o agresiva. El problema es lo que causó esta actitud. El desahogo emocional debe ser puntual y no extenderse a más de dos semanas.

En caso de pasar todo un mes llorando y dejándonos llevar por las emociones negativas, corremos el riesgo de caer en una depresión. El dolor emocional es el que más tarda en sanar. Aquí algunas recomendaciones que pueden ayudarte de gran manera, se honesto contigo mismo y permítete expresar tu dolor cuando algo se acaba o sale mal, es normal que duela puedes expresarte eso ayuda.

Me duele haber terminado esta relación, pero es lo más saludable deseo que sea feliz y trabajaré para ser feliz. autocontrol y evitar explosiones innecesarias, no recurrir a las ofensas. Y palabras ociosas es una manera inteligente de expresarse sin lastimar a los demás y mostrar control y dominio propio.

No te culpabilices y acepta la realidad tal y como es. Es como querer siempre culpar a los demás si una relación se terminó el otro es el culpable cuando en realidad en una relación ya sea de amistad, de pareja, de familiar o cualquiera que sea donde se involucran dos personas, las dos personas tienen responsabilidad y nosotros no somos responsables de lo demás, sino solamente nosotros

Rodéate de esas personas que te hacen sentir bien, si hay amistades que no te hacen sentir bien o personas que cuando estás cerca de ellas dicen palabras hirientes o que te desaniman a continuar en la vida de una manera positiva. No les agradas ni les haga sentir mal, simplemente evita pasar mayor tiempo con ellos.

Tomar conciencia y encontrar la raíz de donde tu alma ha sido lastimada. Es una de las mejores y prácticas formas de mantenerte sana, ya que alguna de estas heridas pudo haber sido causadas en nuestra infancia y nos crearon inseguridades y desconfianzas, la manera más común de huellas dolorosas en el maltrato, basado en las agregaciones físicas, agresiones físicas o verbales o la herida del abandono heridas de la infancia, miedo al compromiso miedo al rechazo desprecio de los demás dependencia. O la causa de injusticias, por mencionar algunas busquemos a Dios en estos momentos en que nos sentimos lastimados, es la única forma en la que podemos curar nuestras heridas tenemos que refugiarnos en Dios y en su palabra para poder entender que aunque personas nos lastiman, tenemos que sanar, cuando estamos en su presencia Él nos reconforta y en su amor Él a través de su espíritu nos sanará de nuestras heridas, solo por medio del arrepentimiento y de la súplica del perdón puede el alma, dejar el dolor atrás y recibir el gozo de la luz, y a través de sus su Espíritu el conocimiento de la verdad, la fe diligente y el verdadero arrepentimiento produce el cambio del corazón.

CAPÍTULO 27: SANA LAS HERIDAS EMOCIONALES

Te gustaría elegir el mejor lugar del mundo para vivir bueno, comenzaremos a crear un mundo mejor donde estar para algunos el mejor lugar para vivir sería París, Londres, Roma o lugares hermosos como eso, pero en realidad podría vivir en esas ciudades y tener un mundo oscuro lleno de pena de dolor y angustia y desesperación por el simple hecho de que tu mundo no es una ciudad o un país donde vives sino una actitud que has creado un pensamiento que ha tomado lugar en ti podrías estar en el mejor lugar del mundo y, aun así, tener un mundo lleno de dolor hoy eligieras el mejor lugar para estar el mejor lugar para vivir es tu propia vida tener expectativas nuevas y creativas que te ayuden a disfrutar cada experiencia cada día, crear tu propio mundo para vivir una vida plena. Y satisfechos, características de los que viven en un mundo mejor. Son agradables, son amables y les gusta ayudar a los demás.

Los disciplinados nos deleita las responsabilidades y tienen metas fijas. Buscan siempre un lugar mejor para vivir. lo que se proponen lo logran, este podría ser un primer paso, pero para ir aún más lejos quizás recoger la ciudad quizás no sea suficiente. todos formamos parte de la única familia humana, aprender a actuar solidariamente es un mundo independiente, significa afirmar que el amor al prójimo tiene dimensiones globales en el mundo. Dios nos envió a la tierra para aprender a crecer por medio de las experiencias agradables y también dolorosas que nos permite elegir entre el bien y el mal y nos deja decidir si servimos a otros o si nos enfocamos en nosotros mismos, y el desafío es tener fe en su plan aun cuando no tengamos todas las respuestas.

Dios quiere bendecirnos, y él desea dirigirnos, guiarnos y enseñarnos a través de su Espíritu a crear un mundo mejor para todos, aprendiendo a que cada circunstancia nos ayude, a crear un mundo que valga la pena vivir. Y nos hace mejores personas en vez de dejar que las circunstancias nos lleven a vivir en un mundo doloroso. elige vivir en un mundo de paz y no de guerra. Elige estar en un mejor lugar y no estancarte en lugares tenebrosos y de dolor. Elige vivir en un mundo de amor y no de odio. Elige crear el mundo en el que quieres vivir. No permitas que los demás crean el lugar donde tú tienes que estar, al contrario, invita a vivir aquellos que amas a vivir en el lugar donde tú estás viviendo.

CAPÍTULO 28: EL PODER LA DECISIÓN

No es común creer que las decisiones que tomamos crean nuestra vida, y lo que es más simple crear el mundo en el que vivimos. Una persona con poder de decisión es la que tiene la potestad de decidir cosas, especialmente desde una posición de autoridad y nadie más que tú tienes autoridad de manejar tú vidas. El poder de decidir sobre nuestro presente y futuro es una de las mayores características que podemos tener los seres humanos y de la que debemos sacar provecho desde las elecciones más simples hasta las más complejas e importantes, todas estas decisiones nos definen, pero no solo eso, sino que también nos dan libertad y nos aportan el control sobre nuestra vida se convierte en pequeños dilemas que acaba determinando nuestros gustos y estilo y nuestra forma de ser, buscar el poder de decidir te da la capacidad de superar todas las excusas para cambiar cualquier parte de tu vida.

Si en algún momento dudas en tomar una buena decisión, aquí unos consejos para ayudarte a tomar las mejores, tomar una decisión de hacer algo siempre será mejor que no hacer nada, aunque tengas miedo de equivocarte, es mejor equivocarse por qué decidió hacer algo y no quedarse con la expectativa de que hubiese.

Sucedido, si lo hubiese hecho, tomé en cuenta que perderá si lo hace supongamos que quiere dejar su trabajo y emprender con su propio negocio. Recuerde que tendrá que trabajar mucho más que cuando se es empleado, no podrá disponer de un horario, su tiempo será más limitado, tendrá que perderse algunas fiestas de sus amigos porque sacar adelante un negocio se requiere de más esfuerzo, si no está dispuesto a sacrificar todo lo que necesita hacer es mejor no hacerlo, aunque siempre será mejor emprender con su negocio, pero es mejor tener un negocio no tan exitoso, a un buen trabajo.

Te preguntarás por qué bueno cuando decides hacer algo es mucho mejor que no hacerlo, siempre tendrás la oportunidad de avanzar, de aprender, de superarte y eso es siempre bueno. Los seres humanos tomamos decisiones cientos de veces en el día no las alcanzamos a contar desde que nos levantamos estamos tomando decisiones y estamos decidiendo en automático no pensamos en me levanto de la cama o no me levanto, bueno hay algunos que sí lo hacen, en realidad no es una decisión que se requiera de mucha preocupación o atención de su parte que se toma y como esa decides qué ropa usar qué camino tomar qué hacer en cada paso que se da, pero cuando se trata de me mudo de ciudad me caso o no, en iniciar mi negocio o no acepto a Jesús en mi vida o no le permito al Espíritu Santo participar en mis decisiones o no, son decisiones que la mayoría de personas se toman su tiempo, o lo deciden con más precaución.

Es el monto de pedirle al Espíritu Santo el poder infinito que opera en el que nos ayude a tomar decisiones, tenemos que decidir dejar al Espíritu que opere en nosotros. Él no lo hará a la fuerza o sin nuestro consentimiento, jamás operará si nosotros no se lo pedimos o permitimos, él nos ayudará a tomar las mejores decisiones, él nos revelará y se nos facilitará por supuesto la vida.

Imagínate que te quieres casar y no estás seguro de que es la persona correcta, difícil de saber la verdad. Bueno, el Espíritu te hará sentir en tu espíritu si es o no te dará señales. Te permitirá ver más allá al futuro. Y si con sus advertencias, aun así, decides cuál es tu problema, pero el té lo hará saber. Él nos da a conocer, pero no nos obliga o presiona, porque él no nos controla. Él es nuestro ayudador y trabaja a favor de nosotros.

Paso 7: La demostración del poder de su espíritu

PASO 7: LA DEMOSTRACIÓN DEL PODER DE SU ESPÍRITU

Puede guiarnos para tomar decisiones y nos protege del peligro físico y espiritual. Se le conoce como el consolador y puede calmar nuestros temores, llenarnos de esperanza y por medio de su poder somos santificados al arrepentirnos, recibir las ordenanzas salvadoras y guardar nuestros convenios.

El Espíritu Santo obra como una persona, independiente, ya que tiene decisión propia que hacer y qué no hacer, por eso es importante que nos conectemos directamente al Espíritu para poder conectarnos al espíritu.

Tenemos que estar dispuestos a la obediencia a él por voluntad propia, ya que él no nos obligará a hacer nada, pero si nos está diciendo que hagamos algo y no lo hacemos se contrastará en nosotros y de esa manera no nos hablará o se manifestará como nosotros queremos. Para revivir de él su protección y el beneficio de su ilimitado poder, ya que él da todo lo que necesitamos

El Espíritu Santo le da una manifestación especial a cada uno de nosotros para ayudar a los demás, a cada uno Dios le da por medio del Espíritu la capacidad de impartir consejos sabios, otros tienen el don de hablar con mucho conocimiento y es el mismo Espíritu el que dáselo ha dado.

A unos les da una fe extraordinaria y a otros poder sanar enfermos. A otros les concede el poder de obrar milagros; y a otros el don de profetizar. A unos les da el poder de discernir, entre los espíritus malos y el Espíritu de Dios, a otros les concede el poder de hablar en diversas lenguas.

A otros le da el don de interpretar las lenguas, todo esto lo hace un mismo y único Espíritu y él dará los dones y determina cuál ha de recibir cada uno. 1 corintios 12:7- El pretexto de muchos es creer que esto es solamente para los especiales o escogidos son llamados con un propósito específico cuando en realidad no es así esto es a disposición de todos los que quiere en la palabra del señor nos dice que el que pide recibe el que busca halla y el que toca se le abrirá algunos lo buscamos y lo encontramos y en algunas ocasiones suceden cosas inexplicables porque él no se encuentra o posiblemente no nos hemos dado cuenta de que lo estábamos buscando, y simplemente tenemos un encuentro con él ese encuentro sobrenatural, que todo ser humano debería de buscar o desear con todo su corazón, ya que el conectarnos a nuestro creador nos da la plenitud de esta vida, saber que no dependemos de nosotros, sino que dependemos de un poder infinito, único y especial que fue diseñado para estar con nosotros y ser nuestro ayudador en todo lo que hagamos En esta vida.

Él nos guía con amor y paciencia, no se enseña como un maestro único que se toma el tiempo, que siempre quiere estar allí para enseñarnos paso a paso, no solamente para hacer para los demás, sino para hacer para nosotros mismo cómo tener paz, gozo, alegría, paciencia, benignidad, mansedumbre y todos los frutos que ya conocemos que al estar el Espíritu Santo nosotros reflejamos en nuestras vidas.

Podríamos escribir un buen libro con todos los beneficios y cualidades del Espíritu Santo, pero hoy solamente queremos hablar de la poderosa manifestación de él, ya que es imposible que si el Espíritu Santo está y nosotros no tengamos estos resultados porque el simple hecho de que el este y nosotros habrá manifestación gloriosa de parte de él, ya que llega para darnos para incrementarlos las habilidades las destrezas y poder sobrenatural, para sanar enfermos obrar en milagros para darnos más valor como seres humanos, El objetivo es que abras tu corazón y le permitas al espíritu Santo operar desde ti para que todos estos resultados solo se han manifestado a través de ti,

CAPÍTULO 29: UN ENCUENTRO SOBRENATURAL

Hay momentos especiales en nuestra vida, pero un encuentro sobrenatural con el Espíritu Santo es lo mejor que nos puede suceder Y recibiréis poder cuando haya venido el Espíritu Santo a vosotros.

Es increíble lo que recibimos al tener ese encuentro especial por qué no encuentro, porque al encontrarnos con él es la manifestación que se da en nuestras vidas, teniendo un resultado diferente, es como el día especial que se activa en nosotros la plenitud y comienza la aventura de la vida una vez teniendo ese encuentro debe de andar en el Espíritu ahora, andar en el espíritu significa tener una dirección increíblemente detallada y decisiones sin nubosidad el espíritu Santo provee, instrucciones absolutamente claras y detalladas a cualquiera que ande en él si usted anda en el Espíritu entonces no anda en confusión, sus decisiones no son nubladas o confundidas por nada ni por nadie, tendría confusiones solamente si hay una atadura espiritual una atadura espiritual es una influencia demoníaca oculta que entorpece o bloquea el progreso en la vida espiritual de una persona.

Este tipo de esclavitud espiritual puede originarse cuando una persona busca un conocimiento, para protección, o poderes sobrenaturales por medios ocultos. una forma de buscar poderes ocultos sería la brujería o la magia, formas comunes de buscar un conocimiento culto, son la adivinación o el espiritismo. El espiritismo se refiere a la consulta de espíritus o almas de los difuntos para saber o tener algo, existen muchas maneras y adversidades de adivinación, incluyendo el uso de las astrologías, el tarot, la lectura de mano o la clarividencia del brujo, y la geomancia, todas ellas pueden dar a las personas un conocimiento falso hoy Y envolver a personas en eventos de ocultismo y poseerlas para llevarlas a cautividad. Dios prohíbe determinadas prácticas en la escritura. puesto que presentan un rechazo a la confianza en Él y un intento de manipulación, las fuerzas espirituales para alcanzar propósitos personales. El cristianismo y el catecismo también afirma claramente que todas esas pláticas son pecado grave, incluso cuando se hacen para resolver la salud, la razón por la cual implicarse con lo culto es tan peligroso es que la persona puede quedar atada y esclavizada por espíritus malignos.

Estos espíritus pueden utilizar la conexión de una persona con lo oculto para qué sé de un beneficio aparentemente solo con el fin de conducir a una persona a una atadura espiritual mayor, por ejemplo un niño de 11 años siempre estaba enfermo, alguien le dio un amuleto para que la llevase colgado en el cuello. La enfermedad desapareció inmediatamente, pero El Niño cayó en depresión, dejó de reír e intentó suicidarse, Satanás puede mantener el cuerpo en buena salud aparentemente para enviar el alma al infierno.

Razón por la cual urgentemente necesitamos pedir al espíritu Santo, que tenga ese encuentro sobrenatural con nosotros, para que todos esos otros espíritus que hayan entrado a nuestra vida, consciente o inconscientemente, puedan ser expulsados, y nuestra alma pueda ser liberada para ir al cielo y gozar de libertad en esta tierra de los vivientes.

CAPÍTULO 30: BUSCANDO ENCUENTROS DIVÍNOS

Todos tenemos necesidad de buscar encuentros divinos con el espíritu de Dios para alcanzar plenitud y gozo, paz, alegría y bienestar en todas las áreas de nuestra vida. Los humanos pueden tener poderosos encuentros divinos con el espíritu, no como eventos aislados, sino como un estilo de vida en que El espíritu altere lo natural, manifestándose lo sobrenatural

Es necesario tener una clara comprensión de quién es el Espíritu Santo, hemos experimentado en nuestra congregación, testimonios extraordinarios de personas transformadas por encuentros sobrenaturales.

Dios, a través de su Santo Espíritu, desea manifestarse como nuestro padre celestial, proveedor, hacedor de Milagros, sanador, liberador, defensor, desea que impactemos al mundo en que vivimos, comunidades y naciones.

El Espíritu te llevará a tener un corazón compasivo para un mundo herido, usted no necesita necesariamente ser un líder Espiritual ni ser perfecto para experimentar la presencia de lo sobrenatural. Lo que necesita es un poderoso encuentro divino con el Espíritu Santo, él cambiará todo nuestro interior y transformará lo que fue desolado y desierto en ríos de bendiciones, habrá un cambio inexplicable tanto en nuestra forma de pensar cómo nuestra forma de obrar.

Vale la pena buscarlos es provocarlos nosotros mismos, buscar dentro de nosotros, hablarle, darle tiempo en intimidad para que el espíritu fluya y pueda encontrarse en un espacio en un momento dado para que él entre en nuestro cuerpo y haga de nuestro cuerpo un templo y habitación de Él para poder operar en nosotros. nadie que no ha tenido un encuentro divino ha comenzado algo grande, sobrenatural o ha comenzado un ministerio o una manifestación Espiritual en el mundo.

La escritura dice que llamó Dios a Moisés desde la zarza ardiendo y ese día que tuvo ese encuentro divino, cambió todo su futuro desde ese momento Moisés, camino su vida, guiado por el Espíritu de Dios y cada uno de aquellos varones y mujeres que han tenido un encuentro divino con el Espíritu De Dios volvieron a ser igual. Sus vidas fueron impactadas de manera sobrenatural.

Nosotros también podemos hacerlo. hoy en día. nos hemos acostumbrado a sentir al Espíritu Santo y ver algunas de sus manifestaciones en nuestra vida. Si queremos seguir viviendo de la misma manera, sin hacer ningún cambio, es imposible si queremos vivir en el Espíritu y ver todas esas manifestaciones maravillosas que el poder de nuestro espíritu tiene conectado el Espíritu Santo de Dios, tenemos que pagar el precio en vivir una vida alineado al espíritu. Recordemos que siempre hay un precio a pagar por todo, el de no hacerlo es un precio más caro porque estaremos pagando las consecuencias y perderemos todos los beneficios que se encuentran en hacerlo, ya que todos lo necesitamos.

CAPÍTULO 31: CÓMO SER GUIADOS POR EL ESPÍRITU

Una vez que hayamos tenido ese encuentro divino provocado por nosotros mismos, en una búsqueda constante hasta encontrarlo,
 pedir y se os dará, buscad y hallaréis, llamad y se os abrirá porque cualquiera que pide recibe y el que busca halla y al que llama se le abrirá. Mateo 7:7-8, será mucho más fácil dejarnos guiar por el Espíritu, ya que habremos entendido completamente como la ópera desde adentro y nos guiará en las pequeñas cosas y en cosas grandes, pero siempre estará allí como susurros en nuestro oído como pequeñas voces dentro de nosotros como una pequeña voz en tu cabeza como señales fuera de nosotros, nombres y números, letras y símbolos que hay muchas ocasiones el mismo Espíritu nos hace enfocarnos como de una manera diferente en muchas ocasiones hemos visto palabras que las hemos pasado por alto, pero de pronto estamos necesitando una palabra y le hemos preguntado al Espíritu que hago como sigo o cualquiera que sea la duda que le hayamos hecho.

De pronto vemos un letrero donde dice yo estoy contigo, no temas o adelante hay sorpresas para ti, es como una señal divina que solamente puede funcionar a través de su Santo Espíritu. Conforme a vamos teniendo una relación día con día, vamos entendiéndolo y de pronto hasta simplemente sentimos su presencia escuchamos su voz vemos cómo nos protege podemos ver con nuestros propios ojos cuando nos aparta del peligro cuando aleja personas cerca de nosotros, porque nos están haciendo daño sin que nosotros nos demos cuenta cómo nos aleja de situaciones adversas nos previene de ataques espirituales nos levanta, nos habla, nos guía, nos fortalece las pacíficas y sobre todo está con nosotros siempre nunca más vuelves a sentirte solo ni tienes ataques de enojo u odio.

Irá por cualquier cosa simplemente tenemos esa paz como si estuviésemos tan convencidos que un ser supremo algo fuera y nosotros está en pleno control sin importar la situación que se pueda estar viviendo.

Sentimos que tenemos todos especialmente porque siempre está esa pequeña voz dentro de nosotros estás bien yo estoy contigo no te falta nada como dejarse guiar de un buen amigo que siempre conoce el futuro siempre está la perspectiva de lo que va a suceder y siempre quiere darte a conocer que sucederá, cómo saber cuándo él nos está yendo cuando él nos guíe tenemos paz en nuestro corazón sabemos que no nos está persuadiendo ni obligando y lo que hacemos lo hacemos en paz porque sabemos que él está ahí y que es el que nos está guiando a través de un sentimiento de armonía de felicidad, y aunque en algunas ocasiones a lo que nos está enviando duela en nuestro corazón vuestra mente, por qué no queremos dejarlo o sencillamente no queremos hacer ese cambio él lo hace con suavidad con amor, yéndonos con hilos de amor para no hacernos sufrir, subjetivo y su propósito es ser nuestro consolador no nuestro verdugo conocemos tanto su forma de obrar en nosotros que en cuanto hay otro espíritu que nos cause molestia lo reconocemos de inmediato porque quitamos el carácter nuestro y tomamos el carácter de Cristo amor pasivo y aunque no quiere decir que no tenemos carácter.

Quiere decir que somos fuertes en el espíritu y que ninguna cosa fuera de nosotros nos hace debilitarnos, algunos pensaron Jesús se enojó y tiró las mesas del templo y saco a todos los que estaban haciendo comercio en la casa de su padre.

Eso es justamente lo que el Espíritu Santo hace y nosotros nos da la fuerza para ordenar y poner las cosas en su lugar, así tengamos que sacar a empujones algunas situaciones de nuestras vidas, pero después, Él les enseñaba en el templo y le decía la casa de mi padre muchas moradas hay si así no fuera yo no sé los hubiese dicho voy, pues a preparar lugar para ustedes. cuando nosotros vemos que Jesús quiere que nosotros seamos mansos y humildes como él dice, aprendan de mí que soy manso y humilde, no se refiere a no tener el carácter suficiente para sacar lo que no debe estar en nuestras vidas.

Dios es un Dios de orden lo que ha sido diseñado para su uso correcto no puede ser usado para algo que deshonre Dios. Muchos no conocen al Espíritu Santo como una persona llena de amor que mora en la vida continuamente y quiere darnos más presencia de Dios y hacer que nuestro carácter sea semejante a Cristo. cuando preguntamos quién es el Espíritu Santo comenzamos a reconocer nuestras limitaciones solo Dios dice yo soy el que soy solo Dios puede definir quién es Él y cualquier otro intento de definición Dios sería insuficiente cuando hablamos de la persona y el carácter de Dios.

Dios padre, Dios hijo, y Dios Espíritu la divina Trinidad hacemos un esfuerzo por traducir la comprensión de Dios a nuestra experiencia diaria y a un lenguaje que sea el adecuado.

Para Dios ha sido el lenguaje humano en su palabra para describir al espíritu Santo y para que con este lenguaje de escritura podamos por lo menos acercarnos a una compresión del Espíritu Santo, la persona del Espíritu.

Lo primero que debemos entender es que es una persona así que cuando hablamos del espíritu Santo, no nos referimos a la fuerza ni al poder ni el viento ni a la paloma ni al fuego. El espíritu Santo es diferente a una corriente que es de naturaleza personal. Esta es una perspectiva muy importante porque a menudo el Espíritu Santo se concibe como un poder. Él es poderoso, pero es una persona, si pensamos en él solamente como un poder, entonces se convierte en algo que queremos tener y usar. pero debido a que él es una persona, él es quien nos quiere tener y que nos quiere usar para la gloria de Cristo.

Por lo tanto, debemos evitar refrendarlo, y referirnos como un objeto o describir en esos términos de plenitud que recibimos de él, no encontraremos en la biblia tales experiencias, no es que nosotros lo recibamos a él, sino que el Espíritu Santo nos recibe a nosotros entonces nos regocijamos en entrar en su presencia y en una dimensión de mayor profundidad en nuestra vida, como sabemos que el espíritu Santo es una persona. Le tratamos como tal y él nos dirige como un ejemplo: tenemos un carro. Nosotros entramos en el carro, pero dirigimos el carro a través de un volante.

En realidad, el carro nos tiene a nosotros, pero nosotros lo dirigimos a él, de igual manera nosotros entramos en la presencia del Espíritu Santo como una atmósfera alrededor de los otros y al entrar nosotros en Él. Desde adentro de nosotros, nos dirige y nos guía a toda justicia, y a toda verdad nos lleva por la vida, experimentando todas las cosas sobrenaturales que él da los dones del Espíritu, el fruto del Espíritu y todas las manifestaciones milagrosas que Él quiera hacer con nosotros.

CAPÍTULO 32: EL PODER DEL AGRADECIMIENTO

Habiendo ya encontrado la manifestación divina de ese encuentro sobrenatural maravilloso que es estar en la presencia del Espíritu y entrar en él la atmósfera del Espíritu y operar desde ese ámbito espiritual, nos vemos en el deseo ardiente que hay en nuestro corazón de mantenernos en esa atmósfera, una de las claves que aprendí personalmente es el poder del agradecimiento.

Hay una fuerza extraordinaria como un poder sobrenatural, algo inexplicable sucede alrededor de nosotros cuando aprendemos a agradecer todo, Ser agradecido nos ayuda a ampliar nuestra visión de las cosas y las circunstancias de nuestra vida, siempre desde un punto de vista positivo cuando aprendemos a relativizar lo que nos sucede y somos capaces de agradecer por el aprendizaje vivido estamos vibrando en nivel más alto espiritual donde su sede la magia de la transformación, la gratitud es un sentimiento de aprecio y agradecimiento por los beneficios o las bendiciones que tenemos o hemos recibido al cultivar una actitud de agradecimiento seremos más felices y más fuertes espiritualmente vivir en gratitud es una actitud, una forma de vida.

Una virtud es un hábito, así mismo es una decisión, la cual implica focalizar nuestra atención en los aspectos positivos de nuestra vida y valorarlos en lugar de darlos por hecho y enfocarnos en lo que nos falta o queremos que fuese diferente.

El apóstol Pablo nos dice que podamos ser agradecidos en todas las cosas, en todas las circunstancias buenas o malas, escribe estén siempre alegres, oren sin cesar den gracias a Dios en toda situación, porque esta es su voluntad para con ustedes en Cristo 1 Tesalonicenses 5:18

Toma conciencia de las cosas buenas de la vida cada día, piensa en tres cosas por las que te sientes agradecido, empieza un diario donde escribir las cosas por las que te sientes agradecido.

Pon en prácticas rituales o meditaciones de agradecimiento, la gratitud es un sentimiento de aprecio y agradecimiento por las situaciones sin importar si son buenos o malas, ya que esos términos solamente son una credibilidad, podría algo ser bueno y hacernos daño y algo ser aparentemente malo y operar a nuestro favor por eso la palabra dice ser agradecidos en todo porque si para Dios es lo agradable y perfecto es lo mejor que nos puede suceder para nosotros también debería de ser así, y usar esta técnica para lograr mejores cosas cuánto agradecemos por todo entonces recibimos todo lo que nos corresponde bendecimos a los que nos lastiman bendecimos a los que no ven mal y aquellos que participaron en una situación para hacernos sufrir igualmente le damos.

Gracias, el poder del agradecimiento por todo, nos abre puertas sobrenaturales, y el Espíritu reposa en nosotros por mantenernos en la atmósfera del agradecimiento.

En vez de enfocarnos en lo que no tenemos el corazón agradecido, tiene la capacidad de reconocer que Jesús es más que suficiente y de apreciar las bendiciones que de él procede, la gratitud mejora nuestros vínculos interpersonales. Tienes el poder de transformar tu vida y fortalecer tu salud mental emocional Espiritual y físicamente de hecho los beneficios de la gratitud. Son tan importantes que guerreras que forman parte de tu vida durante todo el año, no solo durante una temporada. O en un día específico, por un acontecimiento especial, estarás agradecido de todo lo profundo de tu corazón, por todo y en todo.

Paso 8: La fe, la moneda del cielo

PASO 8: LA FE, LA MONEDA DEL CIELO

La moneda del reino de Dios es mi forma de llamar la fe. Este capítulo pretende mostrar la moneda que Dios nos ha dado a sus hijos y que estamos dando el uso adecuado, porque mis pensamientos no son vuestros pensamientos ni vuestros caminos son mis caminos. Isaías 55, La equivalencia de la moneda del reino de Dios en la tierra es una vida de fe y la moneda del reino logra resultados sobrenaturales en los hombres. Así como en el mundo natural trabajamos para tener monedas.

Para comprar todo lo material que necesitamos, hoy trabajaremos para aumentar nuestras monedas del cielo que en esta ocasión se llama fe, la moneda del reino de Dios, dependiendo de cuánta fe tengamos podremos comprar en el mundo espiritual. No se puede medir y nadie puede contar cuánta fe tiene los demás, pero sabremos cuándo obtenemos el resultado, Jesús dijo a sus discípulos si tuvieras fe como un granito de mostaza, le dirías a ese monte quítate de ahí y él les obedecerá, imagínate que tienes un monte en tu vida algo que te está afectando. Puede ser una enfermedad, o un sentimiento de preocupación, algo que está oponiéndose a tu éxito, y necesitas quitarlo, para hablarle al monte necesitas tener una medida de fe, Jesús dice si tuvieras fe le dirías a ese monte quítate y él les obedecerá, entonces trabajaremos en obtener la fe que necesitaremos.

Así que la fe viene como resultado de oír el mensaje, La Biblia nos ofrece todas las verdades que necesitamos para vivir un estilo de vida de fe para obtener todo lo que necesitamos.

Oír la palabra nos da fe, nuestro trabajo diario será oír, puedes oír audio repitiendo la palabra de Dios, pero eso es limitado, apréndete de memoria es como tener un cajero automático a tu disposición. Y repítelo constantemente, que de tu boca salgan las palabras en voz alta, y que tu oído escuche constantemente, al principio sonara raro y será incómodo, en algún momento, pero vale la pena así como trabajaremos, en trabajo que no necesariamente nos gusta, pero lo hacemos, ya que necesitamos el dinero que nos pagarán, y cuando gastamos en lo que necesitamos o queremos, sabemos que valió la pena, no digo que trabajar para conseguir fe sea desagradable, pero si digo que se necesita disposición, disciplina, decisión, es algo que tienes que querer no se producirá por casualidad, se trataba con todo nuestro corazón y toda nuestra mente y todo nuestro ser, es como una semilla que tienes que sembrar, cuidar, regar, y una vez teniendo fruto tendrás que seguir podando y protegiendo, trabajando constantemente en tener fe, alcanzaremos las manifestaciones del Espíritu.

Sin fe es imposible agradar a Dios, por qué es necesario que el que se acerque a Dios crea que lo hay y que es galardonador de los le buscan. Hebreos 11:6

El creer en la fe abarca más que simplemente escuchar lo que la biblia dice. Hay que entender y aplicar la verdad de Dios a todas las circunstancias de la vida, la palabra resulta poderosa y eficaz cuando la creamos, aceptamos y aplicamos en la vida diaria. Una de las mejores maneras de ejercitar nuestro espíritu de fe es hablar, lo dije anteriormente, pero que debemos decir y a quién deberíamos hablarle, primero podemos hablar la palabra De Dios, a nosotros mismos en un diálogo interno y a nuestro señor y a los demás cuanto más hablamos su palabra más fe tendremos.

CAPÍTULO 33: CÓMO SE GASTA LA FE

En el capítulo anterior aprendimos a ganar fe que es la moneda del cielo. Antes de enseñarte a gastar la fe te enseñaré a no perder la fe, ya que no es tan fácil ganarla. Lo último que queremos es perderla antes de usarla y tener el beneficio que deseamos, te daré las más comunes.

-La saturación religiosa, es una manera de perder la fe en automático crear que la fe es un asunto religioso, o que siento grupo tiene más fe por qué pertenece a una determinada creencia, o que pertenece a un movimiento religioso, le limiten a crecer en fe para limitarlo a que no obtenga los milagros. Que podemos obtener

-Por falta de dudas fundamentales: en muchas ocasiones tenemos fe y no sabemos para qué lo necesitamos o creemos que hay dientes niveles de fe y no nos preguntamos por más para obtener más limitarnos, solo perdemos lo que ya hemos logrado

-Por miedo o duda: cuando permitimos que entre el miedo a nuestra vida o dudamos de que no podemos o que no lo lograremos. la fe que hemos ganado empieza a retroceder, perdemos, lo que con tanto esfuerzo hemos ganado, fortalezcamos nuestra fe sacando toda duda y todo miedo

-Por no compartirla: Quien no comparte su fe, la pierde, porque se le convierte en un adefesio individualista donde yo creo a mi manera, por eso es necesario compartir en lo que estamos creyendo para seguir creciendo y no perder lo que hemos ganado

-Rodearse de personas que no tienen fe:. aunque cuando tenemos fe, nos convertimos en personas muy confiadas y empoderadas. No obstante, podemos darnos cuenta de que el rodearnos de personas que no tienen fe nos roban la nuestra. Reciban al que es débil en la fe, pero no para entrar en discusiones, tú, en cambio, hombre de Dios, huye de todo eso y esmérate en seguir la justicia, la piedad, la fe, el amor, la constancia y la humildad. lo que la palabra del señor nos manda hacer El mismo sabe que si nos rodeamos de personas que tienen una fe débil, pueden influenciar en nosotros, es mejor alejarnos y no corremos el riesgo de perder la nuestra.

Trabajaremos en no perderla, cuidémosla, para sacarle mayor provecho. La fe es la moneda para comprar del cielo, sanidad y liberación. Milagros y prodigios, la fe viene Por el oír, pero se activa por el hablar, la fe se activa cuando lo hablas, cuando usas el poder que el Espíritu nos da en la boca para declarar lo que crees que recibirás. la fe es la confianza y seguridad que siente una persona respecto a algo o alguien y está asociada directamente al conjunto de creencias personales.

Hermanos míos, amados, oíd, no ha elegido Dios a los pobres de este mundo, para que sean ricos en fe y herederos del reino, que ha prometido a los que aman Santiago 2:5.

Hay diferente fe, se necesita fe para creer en Jesucristo, se necesita fe para creer que somos salvos, se necesita fe agradar a Dios y se necesita fe para tener sanidad. Tu fe puede ser que si estás enfermo, serás sano por medio de la medicina tradicional, de la fe que estamos hablando sobrepasa a todas ellas es de crear que por una palabra que sale de nuestra boca será hecho, le dirían a ese monte que se mueva al mar, cuando hay una enfermedad tú le hablas a esa enfermedad y le ordenas salir del cuerpo y lo crees así como has dicho será hecho, así que la fe precede a los milagros y es condición para poder entenderlos y aceptarlos, la fe también nos capacita Para sobrellevar los sufrimientos, pruebas y aflicciones.

La idea de que Dios sana a la gente a través del poder del Espíritu Santo se considera una creencia cristiana y por ello, la sanación por la fe suele incluir la imposición de manos. También se denomina sanación sobrenatural, sanación, divina y sanación milagrosa, la fe bíblica es una realidad divina y diversa, dinámica, multiforme, constante y hasta compleja.

La fe ciertamente es creer, pero no es solo eso, también es confiar, descansar, esperar, reposar, depender y apoyarse en algo o alguien. es cierto que lo que nos provee hebreos 11 uno es una preciosa descripción de la fe, ella es la certeza de lo que se espera y la convicción de lo que no se ve decía el autor es recibir la fe, es decir, la fe espera con seguridad y confianza, aunque los ojos no puedan ver, pero no podemos limitar nuestra concepción de la fe solo en hebreos 11, pues, la Biblia misma nos presenta otras formas de entenderla en otras palabras.

Este pasaje no debería ser tomado como la única y como una exhaustiva a definición de la fe, no es una novedad que hoy en día muchos ven la fe, solo como la certeza de recibir cosas, la fe para una gran parte de la iglesia es la únicamente aquella seguridad para obtener o recibir algo. Ahora bien, es en un sentido, esto es cierto cuando oramos con fe, Dios puede darnos lo que le pidamos, pero si nuestro entendimiento de la fe tiene que ver solo con oraciones respondidas, nos quedamos cortos. ya que necesitamos la fe constantemente día como una moneda donde podemos comprar lo que necesitamos no siempre compramos comida no siempre compramos ropa ni siempre compramos muebles la fe es de igual manera la necesitamos para todas las cosas para mantenernos sanos para hacer un buen proyecto para creer que Jesús vendrá otra vez todos los días constantemente necesitamos captar la fe como una moneda del cielo y a través del Espíritu Santo para obtener beneficios. incluyendo apagar las flechas lanzadas del infierno con nuestro escudo de la fe. Detener ataques espirituales, es una manera de gastar nuestra fe, ya que debemos mantenernos firmes peleando la buena batalla.

CAPÍTULO 34: LA FE ES TOMAR ALGO DEL FUTURO

Tenemos grandes proyectos para el futuro… No solo como iglesia. Si no también como individuos y familias y aun en las circunstancias adversas oímos la frase. Tenga fe, ¿qué significa esto? En que debemos tener fe como hablamos anteriormente lo que nos dice hebreos 11:1 ahora bien la fe y la certeza de lo que se espera, la convicción de lo que no se ve porque por ella recibieron aprobación los antiguos por la fe, entendemos que el universo fue preparado por la palabra de Dios de modo que lo que se ve, no fue hecho de las cosas visibles no solo, es estar de acuerdo con lo que Dios dice no solo es saber es dice es actuar con base en lo que Dios dice la fe que anticipa el futuro es estar totalmente seguro de que uno va a recibir lo que espera. fe es la respuesta en sumisión y obediencia, lo que el Espíritu dice en actuar de acuerdo a lo que él pide confiar en el Espíritu en su disposición para brindar ayuda cuando sea necesario, no importa cuán difícil sea la circunstancia, obedecer sus mandamientos y vivir de modo que demuestres que él puede confiar en ti.

Ser persona perceptible a los tenues susurros del Espíritu. Actuar con valentía ante esa inspiración. Él nos prepara o nos capacita y requiere de nuestra acción para deficitarios de la revelación que nos del espíritu para prevenir cualquier situación o estar preparados para lo que pueda suceder en el futuro, así como dios previene a Noé del diluvio si él hubiese escuchado, Dios decir que vendría un diluvio y no hubiese hecho nada, no se hubiese preparado, no hubiese construido un arca y no hubiese estado dispuesto a entrar en ella con todos los animales que Dios decidió y determinó salvar entonces hubiese fracasado igual que todos los que en ese tiempo estaban, en muchas ocasiones, el Espíritu Santo nos avisa, nos previene, susurra nuestro oído para que estemos preparados o nos da señales divinas de alguna forma el Espíritu siempre estará tratando de enseñarnos lo que sucederá y necesitamos la fe para creer que lo que nos está diciendo Sucederá y nosotros tenemos que estar preparados para cuando esto suceda, tal vez no seamos elegidos para cambiar el rumbo del mundo entero, pero sí estoy segura de que somos elegidos para cambiar nuestro mundo y nuestro alrededor.

Si escuchamos atentamente el espíritu siempre estaremos prevenidos y tomaremos El beneficio de tomar lo que en el futuro nos prepara. que nuestra fe sea cada día más grande para que para cada revelación que el Espíritu nos dé del futuro, podamos avanzar a pies agigantados a la velocidad del Espíritu y no quedarnos sentados posponer o dudar o esperar ver qué sucede. en estos días necesitamos tener fe en la palabra del señor dice que el justo por fe vivirá y no por vista, ya que los tiempos Y avanzan cada día peor.

Necesitamos esta fe para tomar milagros del futuro y que nuestros oídos espirituales se abran para escuchar atentamente el Espíritu de Dios. Y que tengamos la fe y la fuerza para accionar de la manera que el Espíritu nos guíe, él creer que vamos a recibir algo, nos hace sentir, como si ya lo tuviésemos es tomar del futuro, la paz, el gozo, la alegría y el entusiasmo que sentiríamos al tener algo que necesitamos o deseamos. antes de tenerlo y eso por supuesto nos ayudará a sentir siempre ese estado de ánimo en estos días malos realmente necesitamos echar mano a esto.

CAPÍTULO 35: NOS PERMITE PERMANECER EN LO SOBRENATURAL

El entender los conceptos de la fe se nos hace mucho más fácil entender, que para permanecer en lo sobrenatural la fe sería el ingrediente exclusivo.

No podríamos ver lo sobrenatural, los milagros, la sanidad es los prodigios que nuestros ojos pueden ver en esta tierra de los vivientes, si no permanecemos en la fe, debemos trabajar constantemente en mantener la fe, primeramente el trabajo es desarrollar la fe, después cuidarla para que no la perdamos en cosas que no tienen sentido perderlas, sino que la podamos utilizar o gastar de la manera más inteligente, para tener del cielo lo que necesitamos, para que, o por qué?

Quiere estar en lo sobrenatural, lo sobrenatural o supernatural en teología cristiana se entiende como definición sobrenatural, orden sobrenatural o simplemente sobrenatural a la condición del hombre, no en cuanto que es creado por Dios, sino que por la gracia ha sido llamados a una comunión especial con Él.

Es un término utilizado para referirse a aquellos fenómenos que supuestamente exceden, o están más allá de lo que se entiende como natural, o que, se cree, existe fuerza más allá de las leyes de la naturaleza. En nuestros días, la palabra sobrenatural se entiende como el poder divino, manifestado a través de los milagros, las sanaciones, la expulsión de demonios, la provisión material, la revelación y cosas por el estilo. Mientras que el discernimiento hace creer a las personas que el conocimiento de la ciencia produce desarrollo, la fe sobrenatural, hace creer a la persona que todo lo que Dios ha prometido en su palabra, se cumplirá íntegramente, independientemente de cualquier circunstancia.

La fe que nos mantienen en lo sobrenatural es la actitud proporcional por la que uno acepta una posición como verdadera, en virtud del testimonio o revelación, que Dios ha dado de la verdad de tal proposición se contiene que el testimonio, en general es una fuente básica, El sentido sobrenatural de la fe comprende la capacidad de creer lo señalado por el magisterio, como verdad de fe, la facilidad de Discernir, como por instinto, lo que concuerda con ello, y la facilidad para sacar consecuencias más profundas de las verdaderas señaladas por un conocimiento de con naturalidad del espíritu. Estos son cinco fundamentos que te ayudarán a mantenerte en lo sobrenatural

-Obediencia Seguir el camino, trazado por dios, guardar su palabra y vivirla, escuchar siempre al espíritu, sin excepción

-Mayordomía: reconocer que Dios es el dueño de todo lo creado y administrar fielmente lo que ha dado a cada uno

-Oración: una vida de oración te mantiene en comunión y te facilita, el crecimiento en todas las áreas de tu vida

-Libertad: La fe necesita la libertad para operar si comprimimos la fe o no permitimos que él trabaje libremente, no lo hará. Por eso es necesario que le demos la libertad a la fe de crecimiento, de expansión, de ensanchamiento entre más creemos y más libertad le damos para expandirse, más veremos lo sobrenatural a través de la fe.

-Practicar: Si practicamos la palabra de Dios, no solamente estudiarla, saberla, sino ponerla en práctica día con día, Dios nos manda amar a nuestros enemigos, práctica que aunque no sea lo más fácil, pero sí lo mejor.

Y así nos mantendrá en lo sobrenatural tener una fe que mueve montañas, una fe que logre Milagros, una fe que nos mantenga en un nivel de vida favorable, nada nos hace falta, la palabra del señor dice que todo lo podemos en Cristo que nos fortalece su Santo espíritu está siempre a la disposición para darnos a nosotros lo que ya Dios nos ha prometido.

CAPÍTULO 36: LA ESPERANZA Y LA FE, PUENTE DE CONEXIÓN

La fe y la esperanza son dos cosas diferentes, pero que están relacionadas, la diferencia entre la fe y la esperanza se encuentra en primera de Corintios 13:13 y ahora permanecen la fe, la esperanza y el amor estos tres, pero el mayor de ellos es el amor.

Dos de los tres más grandes dones de Dios son la fe y la esperanza que aparecen por separado. El hecho de que la fe y la esperanza estén relacionados. Lo podemos ver en hebreos 11:1 es, pues la fe la certeza de lo que se espera, la fe es una la total confianza en algo. Implica el consentimiento intelectual de un conjunto de hechos, así como la confianza en estos hechos, por ejemplo, tenemos la Fe en Jesucristo, esto significa, que confiamos por completo en Jesús para nuestro futuro eterno.

La esperanza está basada en la fe, es la expectativa ferviente de creer que algo bueno va a pasar. Es una expectativa confiada que naturalmente proviene de la fe. La esperanza es una seguridad tranquila de que algo que todavía no ha ocurrido, va a ocurrir, se refiere a algo que no se ve todavía, no es porque lo que uno ve, si no lo que uno espera. La fe y la esperanza se complementan.

La fe se basa en la realidad del pasado y la esperanza mira la realidad del futuro sin fe, no hay esperanza y sin esperanza, no hay fe de verdad, los cristianos somos personas de fe y esperanza, tenemos la esperanza de vida eterna y la fe, Jesús dijo que iba a volver 1 Juan 14:13 por fe confiamos en sus palabras, lo que nos lleva a la esperanza de que algún día estaremos con él para siempre. De la misma manera, la fe y la esperanza trabajan como un puente hacia lo que nosotros queremos obtener. Si estamos teniendo fe en que saldremos de una situación difícil tenemos que sentir esperanza, alegría, gozo, que ya lo hemos recibido o ya salimos de esa situación difícil si estamos usando la fe para ver un milagro de una sanidad o una restauración de una relación no buena y queremos que a través del espíritu Dios nos muestre el camino. Tendremos que creer y confiar en él teniendo esa fe que Dios lo hará de manera sobrenatural o De la manera que Dios lo determine.

Alguno de nosotros las situaciones que hemos sobrepasado han sido tan fuertes, que no nos queda más que aferrarnos a la esperanza de que un día las cosas van a cambiar y efectivamente este es el puente que nos conecta de la situación en la que en este momento estamos al futuro, que es mejor y prometedor, conforme a la fe y la esperanza que tenemos, por ejemplo, en mi vida, después de un segundo divorcio haber llegado a una bancarrota y quedarme sin nada, sin trabajo, sin hogar y sin ninguna cosa material de valor, sin familia sin amigos y porque no decirlo sin que nadie me diese una mano, era fácil creer que todo se había terminado y hundirme en la tristeza, el desánimo en fracaso, pero en la fe que opera dentro de mí, que aunque no entienda lo que sucede, sé que Dios está en control, me dio la fuerza para continuar, pero la esperanza me mantuvo día con día, creyendo que Dios cumpliría sus promesas que están escritas en su palabra, y guarde la esperanza que transformaría una vida gris en un día resplandeciente.

Mientras tenía la mejor actitud, y entusiasmo me sostenía en la fe y la esperanza que estaba guardado en mi corazón, me ha Llevado a ver con mis propios ojos, los cambios extraordinarios sobrenaturales día con día que Dios hace en mi vida. superando no Solamente el fracaso, la tristeza y la pobreza, el dolor, la pena, sino que mi vida se ha convertido en extraordinaria, hoy usó ese puente en todo lo que emprendo me encanta tener que usar la fe para todo lo que hago, día a día sea lo más mínimo, cruzó el puñete que me lleve de un punto a otro a través de la esperanza, de manera regocíjate, que sé que lo que hay en mi corazón el señor, lo considera.

Paso 9: Vida sin límites

PASO 9: VIDA SIN LÍMITES

Si pudiéramos tener todo lo que queramos, ¿qué pedirías o que cambio harías a tu vida si supieras que puedes lograr todo y cambiar todo? Tómate tu tiempo, relaja tus músculos, suspira profundamente dales a tus pulmones todo el aire que necesitan, sostenlo un poco y suéltalo lo más despacio que puedas, siente cómo tu cuerpo te lo agradece.

Repítelo cuantas veces desees, sentirás cambios, tu cuerpo mismo sentirá que haces algo nuevo que lo benefició. No es mágico ni cosa que se le parezca, es una manera de decirte puedes hacer cosas sin que nadie te limite, tú eres el único que puede detenerte si tu mente te está limitado controla que daño te puede hacer un simple ejercicio de respiración.

Es únicamente nuestra forma de ver las cosas, respirar profundo y soltar el aire solo relajan tus músculos y sueltas lo que te está oprimiendo. Especialmente porque te da la oportunidad de sentirte y desconectarte con tu interior al poner tu pene al poner tu pensamiento quieto y enfocarte en la respiración hace que todas tus neuronas se tranquilicen.

Es un beneficio, el cuerpo es extraordinario, pero yo quiero llevarte a un punto mejor que es poder usar lo que tenemos en nuestra mente y quitar los límites que nosotros mismo nos hemos.

Al practicar esto puedes obtener el beneficio de ordenar tus cosas, especialmente cuando estás preocupado, frustrado, yo lo hago regularmente, también lo practico con los miembros de nuestra congregación cuando siento en el espíritu que su espíritu está agitado o sus preocupaciones son tan grandes que no les permiten tener tranquilidad y estar en ese mismo espacio a la hora de la sanidad, su mente está volando hacia todas partes o dirigida a todas las direcciones y no está en un lugar donde puede ser beneficiada.

Esto solamente trae trastorno y desenfoque a lo que podamos estar haciendo por lo general, siempre pido que suspires, sostengas y lo sueltes, lo vamos a hacer tres veces para que podamos sentir el espíritu.

Cuando estoy agitada o tengo muchas cosas en mi mente y necesito organizarlas. Me siento y suspiro y traigo todo a mi mente y me doy cuenta de que tengo una mente ilimitada que con ella puedo crear todo lo que deseo en mi corazón y que no hay nada que me limité, sino solamente yo misma. He aquí unas claves para superar esos límites:

-Asumamos que los límites se basan en nuestros propios pensamientos: Así que cada vez que nos encontramos frente a algo que nos limita, examinemos qué estamos pensando al respecto y al reto que tenemos por delante. Y quemémoslo cambiando nuestros pensamientos.

-Trabajemos con nuestra mente: Si los límites están en nuestra mente, lo primero que debemos hacer es trabajar en ella, hacerlo implica ser conscientes de nosotros mismos, conocemos y aceptamos y confiar en nosotros.

-Reconocer qué pensamiento nos limita: ante la posibilidad de enfrentar retos, conseguir el éxito o alcanzar metas, hay que reconocer cuáles son nuestros pensamientos limitadores y que nos dicen al respecto de nuestras capacidades, para poder cambiarlas por lo que necesitamos que haga.

-Nunca generalices: Concepto con frecuencia, solemos expresar nuestros pensamientos de forma generalizada con palabras como todos nunca nadie, siempre palabras que podemos cambiar por otro tipo de expresiones que no sean tan radicales cales, y nos dejen sin alternativa y reemplazarlas por aquellas que no serán de beneficio como hoy no puedo, no es lo mismo que decir nunca podré, y así como esas es necesario cambiarlas, reemplazamos todas aquellas que nos alejan del propósito, reemplazándolas por las que nos ayudarán a llegar hacia el propósito

-Ser positivo: La mayoría de los pensamientos que nos limitan son negativos, nos impide la plenitud, por lo que hay que sustituirlos por pensamientos positivos; comenzar por aquellos que digan cosas buenas de nosotros mismos sirve si haces una lista de buenas cualidades que tienes, incluso dile a un amigo íntimo que la escriba para ti eso te dará confianza para superar tus límites.

-Quita el miedo a equivocarte: La mayoría de las personas. Se limitan por el miedo a fracasar, y con ellos el juicio ajeno, si nadie te estuviese viendo que estarías haciendo, pues, ahí está es la respuesta, con frecuencia nos vamos más allá de nuestras creencias limitantes, porque otros nos están viendo no queremos hacer, equivocarse es una oportunidad para crecer no le tengas miedo a eso.

-Cree en ti mismo: Tal vez es una de las claves más complicadas de realizar, pero es importante para superar los límites. Nosotros mismo debemos ser nuestra propia guía en el camino del cambio que más que nosotros mismos sabemos lo que queremos, no hay que pensar en que agrada a los demás, o lo que esperan de nosotros, confiar en uno mismo es fundamental para acercarnos a la meta deseada no es egoísmo, pero no podemos ir por la vida complaciendo a los demás, esa es una tarea de ácida grande no lo lograremos, pero si confiamos en nosotros lograremos tener una vida sin límites.

-No limites al espíritu: Aprendemos aquí que la única forma de limitar el amor y el poder es mediante la duda y la incredulidad, teniendo pensamientos de crítica y juicio en sus mentes y corazones. Estas personas llegaron a creer que no había forma posible en que ese hijo del carpintero a quien todos conocían fuese ni siquiera un profeta. Mucho menos el Cristo. Hoy en día es igual, muchas veces perdemos el milagro porque estamos viendo nuestras propias limitaciones o las limitaciones de los demás.

CAPÍTULO 37: ALCANZA TU MÁXIMO POTENCIAL

Tu potencial no consiste en ser dirigido por la ambición ni el éxito. Se trata de reconocer quién eres en Dios al buscarlo, él y llevar tu vida según sus propósitos cosecharás mucho fruto, cuanto más desarrolles el potencial dado por Dios, tanto más te confiara.

Si estás haciendo todo lo posible por alcanzar tu mayor potencial, rodéate de personas que trabajen duro, identifica tus fortalezas y debilidades. Organiza tu lugar de trabajo, nunca pares de aprender cosas nuevas, desarróllate activamente a través de capacitaciones, cree en ti mismo, creo plenamente que alcanzar tu potencial, está relacionado con la forma en que manejas las adversidades.

Una vez que hayas desarrollado tu máximo potencial, es hora de forzarte por alcanzar lo que has deseado, aunque tomará planificación, tiempo y esfuerzo, es posible hacerlo lograr tu máximo potencial. No se trata de una simple tarea, sino que más bien consiste en un comportamiento con el proceso de superación personal y espiritual, solo debes aventurarte, ya que nunca sabes lo que puedes encontrar claves que podrían ayudarte

1. Define de la mejor versión de ti mismo: en resumen, lograr tu máximo potencial se trata de ser la mejor persona que puede ser debido a que todos somos diferentes, deberán definir sus propios términos de éxito para hacerlo, es importante que sepas quién eres. Anota tus valores, fortaleza y debilidades, piensa en lo que puedes mejorar en algún aspecto de tu vida, tal y como ser

una mejor persona ser más cortés o ser más asertivo. Si existe algo en tu aspecto Físico que podrías mejorar, tal y como perder peso, ganar peso, guau, aumentar tu masa muscular, cualquiera que sea haz todo lo que puedas para lograrlo.

2. Trázate metas: Trazarte metas es un factor importante para lograr el éxito. Algunas investigaciones han demostrado que trazar te metas específicas, ayuda a las personas a conseguir lo que deseen, aprovecha estos rasgos de trazar, te metas a corto y a largo plazo. Que es importante diferenciar entre metas y deseos, todo el mundo desea todo, pero no sabe cómo lograrlo, la meta es saber lo que quieres para cuando lo quieres y cómo lo quieres.

3. Ten confianza en ti mismo. Si la tienes podrás cumplir tus metas y objetivos, aunque creer en ti mismo no es suficiente para lograrlo, los pensamientos negativos si te harán ir más lento, cuida de ti mismo, vístete bien, cepíllate el cabello, siéntate con una buena postura y arréglate con regularidad. Piensa en positivo. Cuando tengas un pensamiento negativo, refuerza, reconfortarlo de manera positiva. No te compares con otras personas en lugar de pensar en qué te diferencias de los demás, Concéntrate en ti mismo y en tus metas

4. Acepta los cambios. Conforme estos vayan presentándose en tu camino al desarrollar tu máximo potencial, algunas cosas cambiarán de tu vida. Si te quedas atascado en tus viejas costumbres, tu desarrollo personal se estancará. Concéntrate en las cosas sobre las que tienes influencia y luego hazlas tal como se mencionó antes. Recuerda que te has comprometido con un proceso, adáptate a las nuevas circunstancias, trazarte nuevas metas, debes estar dispuesto aprender cosas nuevas.

CAPÍTULO 38: EL PODER DE UN DESEO ARDIENTE

Hay un poder que sobrepasa el entendimiento cuando está en tu corazón. El deseo ardiente es el que lleva a la acción, es posible que sin este deseo ardiente te lances a ello, también es cierto, aunque sea movido por un momento de emoción o motivación externa, pero el mejor motor para la acción es desearlo ardientemente Genera una pasión, insaciable en el corazón de quien ha probado es el anhelo por más de él.

Desde mi punto de vista y el deseo es el componente más importante de las cuatro etapas de creación, ya que si es suficientemente fuerte, puede constituir hasta un 80 % del camino al resultado es importante que sea sincero, claro, profundo y como dice el título de este capítulo, deseo ardiente, entre más deseas una lo que quieres lograr con todo tu ser más rápidamente se hará su manifestación física cuando hablas con personas exitosas y les preguntas el secreto de su éxito, todas te contestarán saber lo que quieres, hacer lo que te gusta y hacerlo con pasión es un proyecto que se convierte en casi una obsesión, es decir un deseo claro, urgente, profundo de realizarlo.

Yo también creo que esta es la anestesia al éxito, ¿cómo hacerlo?, determinar lo que deseas como dije antes para ponerla en funcionamiento es necesario tener un deseo, el deseo emite una frecuencia o un mensaje claro al Espíritu.

Esto pareciera sencillo y simple y realmente lo es, pero te sorprenderás si te digo que la mayoría de las personas interrogadas en mis talleres sobre este tema, no saben lo que desean.

Realmente es impactante en la mayoría de veces cuando me detengo en una administración y preguntó, qué es lo que deseas?, la gran mayoría de personas no contestan simplemente no saben lo que quieren, algunos tartamudean con inseguridad, si te pregunto hoy cuál es tu deseo ardiente, y demoras más de dos segundos en contestar te darás cuenta de que no tienes un deseo claro y profundo, y Si lo tienes te felicito habrá salud apasiona, repítelo declararlo yo te aseguro que lo alcanzarás. cuando decía con todo mi corazón.

Y descubrí el poder sobrenatural que había en un deseo ardiente nunca más quise dejar de tenerlo deseo con todo mi corazón tener el don de sanidad ya tenía todos menos ese y en cuanto tenía una persona un familiar muy cercano a quien ama a quien amaba con todo mi corazón desee con un deseo sobrenatural de tener poder sobre mí de tener poder en mis manos para poderlo sanar y sabes que dios es bueno porque siempre nos da lo que hemos pedido si tú quieres tener el espíritu Santo en ti para qué?, opere desde adentro de ti y pueda traer todas las cosas sobrenaturales.

Tendrías que desearlo, buscarlo ardientemente, accionar, como si fuera lo último que quieres en esta vida, como dice la palabra, una vez encontrando las perlas preciosas vende todo lo que tienes y comprarlas es lo mismo deshace de todas las cosas que tienes tu forma de pensar negativa, la manera normal que quieres llevar tu vida y comienza un deseo claro profundo de querer tener al Espíritu Santo como tu mejor amigo. Así como para tener otras cosas, no esforzamos y tenemos deseos de tener éxito de lograr mejores cosas en la vida o cuando tenemos una meta tenemos un deseo ardiente por lograr esa meta. de igual manera, debemos tener ese deseo para que el Espíritu Santo esté con nosotros.

Explora la necesidad detrás del deseo: que es lo que realmente deseas, por ejemplo, cuando pedimos una casa en realidad lo que queremos es seguridad, confort para nosotros y nuestra familia, porque queremos seguridad y estar cómodos por amor a ellos y a nosotros. detrás de una casa.

El deseo profundo es el amor, sentirse bien, bienestar y felicidad. Puedes tomar cualquiera de tus deseos, descomponerlos, pasar todos los niveles del ego. Y verás que todo se termina en amor y bienestar, si cuando deseamos un carro, una casa, en realidad estamos buscando bienestar y comodidad, si deseamos tener El Espíritu para obtener sus dones en realidad estamos buscando amor, bienestar y seguridad. Si examinando esto encontramos que lo que deseamos es egoístamente y lo deseamos para sentirnos superiores y menospreciar a los demás en vez de acercarnos, esto unirá de nosotros, y por más que los deseamos, no se manifestara, porque está creado para beneficiarnos. Ya que hemos sido ordenados a amar al prójimo como a nosotros mismos.

CAPÍTULO 39: EL PODER DEL COMPROMISO

El compromiso es la base de la acción, nos da la motivación necesaria para que las acciones que de él se derivan, puedan cambiar cosas. El compromiso de en un individuo, hacia una meta personal, hacia algo que él considera valioso, creo que puede ser uno de los poderes más sólidos y profundos, al comprometernos ponemos al máximo nuestras capacidades para sacar adelante la tarea encomendada, teniendo en cuenta que conocemos a las condiciones que estamos aceptando y las obligaciones que estas nos conllevan, ya que supone un esfuerzo personalmente hacia la consecución del objetivo establecido, solo con aquello que no estamos comprometidos abandonamos en cuanto las circunstancias no están a nuestro favor. De manera que si no nos comprometemos con el Espíritu, él tampoco está comprometido con nosotros, en este tiempo es una de las razones más comunes por las cuales no recibimos, las promesas de Dios para con nosotros, por qué queremos los beneficios o los milagros, o la revelación de Dios.

Pero no queremos compromiso. El enemigo ha destorcido el plan divino, le ha puesto al ser humano miedo o debilidad para no comprometerse, si vemos hoy las parejas no quieren compromiso y padres que no sean responsables.

Evaden el compromiso que tiene en educar o criar a sus hijos, y si vemos a todos lados, nos damos cuenta de que están huyendo a la responsabilidad que requiere a comprometerse, recuperemos lo perdido al saber el poder que hay en comprometernos con Dios y cumplir su propósito en esta vida, tenemos beneficios, recompensas, que valen la pena Se dice que una persona se encuentra comprometida con algo cuando cumple con sus obligaciones, con aquellos que se ha propuesto o que le ha sido encomendado. Y seguido, es decir, que vive, planifica y reacciona de forma acertada para conseguir sacar adelante un proyecto, una familia trabajó con una meta. Nuestro padre celestial requiere nuestro compromiso total, no solo una contribución, al pensar en las bendiciones que Dios nos ha dado y en las muchas cosas hermosas del evangelio de Jesucristo me doy cuenta de que a lo largo del camino se nos pide que hagamos ciertas contribuciones. a cambio, contribuciones de tiempo, dinero u otros recursos.

Todas ellas son valiosas y necesarias, pero no contribuyen nuestra ofrece total a Dios al final, lo que nuestro padre celestial requiere de nosotros, es más que una contribución; es un compromiso total, una completa dedicación; todo lo que somos y todo lo que podemos llegar a hacer, por favor comprendan que no me refiero solamente a un compromiso hacia la iglesia a sus actividades, aunque estas siempre necesitan que se les fortalezca, hablo más eficientemente de un compromiso que se demuestra con nuestro comportamiento individual; con nuestra integridad personal; con nuestra lealtad al hogar, la familia y la comunidad, así como a la iglesia. Cuando nosotros estamos comprometidos con Dios, él está comprometido con nosotros, como en el caso de aquellos tres hebreos que estaban comprometidos con él. Dios le salvó del juego y de la mano del Nabucodonosor, rey de Babilonia en ese tiempo

Has de saber o rey que no serviremos a tus dioses, ni tampoco adoraremos la estatua que has levantado Daniel 3:17 Por supuesto que el rey Nabucodonosor no le pareció gracioso, se enojó y ordenó que calentarán tres veces más el horno para quemar aquellos jóvenes valientes, comprometidos con el Dios viviente al que decidieron servir prefirieron morir antes de renunciar a él, pero Dios estaba comprometido con ellos, ya conocemos la historia que los salvó, así será también con nosotros. Si nosotros estamos comprometidos con él. Estoy segura de que él nos sacará de cualquier situación, y si aun así no lo hiciera, estamos confiando que estamos haciendo lo correcto porque no solamente estamos comprometidos es por lo que vamos a recibir, sino porque sabemos que es lo correcto de hacer.

Paso 10: Evolución de la conciencia

PASO 10: EVOLUCIÓN DE LA CONCIENCIA

Existe la revolucionaria idea de que la conciencia humana no comenzó con la evolución animal, pero que surgió como un proceso, aprendiendo a través de catecismo y catástrofes de esta mentalidad.

Las implicaciones de este paradigma científico se extienden virtualmente dentro de cada aspecto de nuestra psicología, historia, cultura, y religión, en efecto, nuestro futuro en las palabras de un crítico es humilde, texto del tipo que nos recuerda a muchos de nosotros que vivimos nuestra vida a través del pensamiento, cuántos pensamientos todavía nos puede quedar por hacer.

La conciencia se forma por la actualidad para influir a su vez sobre ella, determinando y regulando, al poner en práctica sus ideas creadoras, los hombres transforman la naturaleza, la sociedad y de este modo, y a sí mismos.

Además, la conciencia social, moral, ambiental y demás clases, es la capacidad de percibir, juzgar la propia existencia es importante y esencial, tener un despertar de la conciencia y aunque muchos no entendemos a qué o cómo funciona o a qué se refiere la gran mayoría tenemos nuestros propios conceptos, pero es importante tener un estado de consciencia.

Es indispensable para que se siente en cada momento, ya que esto permite que los pensamientos, acciones, sentimientos, logren estar en armonía y de esta manera poder identificar que lo que se está viviendo es lo que se quiere vivir y de no ser así cambiarlo.

Algunos escritores han argumentado sus propios conocimientos, escribiendo que hay niveles de conciencia que hay diferentes clases de conciencia, pero yo quiero enfocarme principalmente en un despertar de tu conciencia en lo espiritual, si eres capaz de despertar el interés por entender al espíritu por darte el tiempo de analizar cada sentimiento que te provoca, es como estar dormido, y de pronto despertarse, has escuchado algunas veces donde dicen hay que hacer conciencia del ambiente ecológico lo que están tratando de decir es toma en cuenta lo que estás haciendo para dañarlo o analiza de una manera cuidadosa lo que estás haciendo y le está causando molestias; de esta misma forma, podemos despertar nuestra conciencia en que estamos haciendo para contristar al espíritu o para no dejarlo fluir en nosotros cuando somos conscientes, que nuestras acciones, nuestros sentimientos, nuestras creencias, nuestras dudas, nuestros temores, etc. están provocando que, aunque el espíritu esté allí, no trabajará hasta que no seamos conscientes de lo que estamos haciendo.

Tenemos que remover nosotros esas formas, creencias, erróneas y corregirlas para permitir que el espíritu fluya y nosotros alcanzaremos niveles inesperados y subiremos del nivel uno al diez en conciencia.

Si le permitimos al espíritu que nos guíe cuando evolucionamos en la conciencia, eso quiere decir que crecimos, que superamos todas aquellas cosas que nos limitaba una de las cosas más comunes que he podido observar en este tiempo es que no queremos dejar nuestras viejas creencias, las traemos tan arraigadas de nuestra cultura o de nuestra formación, que no queremos soltarla y nos aferramos a querer seguir creyendo lo que en unos tiempos anteriores se nos decía y no queremos abrir nuestra mente y evolucionar como el hombre lo ha hecho.

Recordemos que hace muchos años, no había ciencia y no había tecnología como hoy en día, hay gente que no quiere acomodarse a ella, pelea día a día por no educarse aprender o tomar conocimiento, cosas básicas que nos facilitan la vivencia en este tiempo, de la misma forma en lo espiritual, cincuenta años atrás, no todas las personas tenían una biblia y las personas que la leían eran muy escasos a la hora de interpretarla o analizarla. No se hablaba de lo sobrenatural como hoy en día, querían decir exactamente lo que hoy decimos, pero a pesar de que es la misma biblia como que la interpretación de este tiempo ha sido más clara y no es por presumir, pero podemos decir que hemos avanzado en conocimiento y ciencia y eso ha evolucionado nuestra conciencia.

Después de despertar, viene la etapa de integración que significa que se está integrando al despertar en la estructura del cuerpo y mente La etapa de integración va desde el despertar hasta la iluminación. El cerebro sería el soporte físico de tu mente, que es el conjunto de todos los procesos conjuntivos conscientes e inconscientes que ocurren en tu interior, y la conciencia serviría ese estado de la mente que te permite darte cuenta de ti mismo, te da un sentido del yo y de las expectativas y experiencias que vives.

Cómo saber si estoy en una noche oscura de mi evolución, negación del presente, surge una necesidad imperiosa de volver al pasado, en un tiempo o espacio en el que supuestamente estábamos mejor. Necesidad de huida, intentos desesperados para salir de este de estas emociones desconcierto, no se sabe si qué camino seguir desesperada imposibilidad de ver el futuro como algo mejor. Nos negamos a aprender lo que necesitamos en el presente, porque el estar en las cosas del pasado nos acomodan mejor. Hoy, declaro sobre tu vida, un despertar en el espíritu para que se active el evolucionar de conciencia para mejorar tu vida.

CAPÍTULO 40: EL PODER DE NUESTRAS CREENCIAS

Nuestras creencias son parte esencial de nuestras estructuras profundas de pensamientos. Nuestras creencias determinan el significado de lo que asignamos a un evento y estar en el centro de la motivación y la cultura junto a los valores.

Nos brindan el esfuerzo que sostiene lo invisible, determinadas, capacidades o conductas y podemos decir que las creencias son parte fundamental del alma humana, conforme a nuestra visión de la realidad del mundo. No podemos cambiar las cosas que nos ocurren en la vida, pero si nuestra percepción y vivencia sobre ello. Nuestra percepción de la realidad viene determinada por nuestras creencias, las cuales pueden definirse como los juicios y evaluaciones sobre nosotros mismos, y los demás y sobre el mundo que nos rodea, las creencias se van formando conforme a lo que vamos viviendo, y adaptamos las creencias de acuerdo con lo que nos rodea.

En este capítulo pretendo que usemos el poder del espíritu para cambiar nuestras creencias y entendamos que tenemos el poder para cambiar nuestras creencias y así obtener el beneficio del poder que nos da, tener formadas las creencias a beneficio, creer es un poder sobrenatural lo que creemos lo tenemos dice la palabra.

Juan 11.14, Jesús dijo te he dicho que si creyeras verás la gloria de Dios.

En las sagradas escrituras encontramos que, en muchas ocasiones, en diferentes formas, por qué creíste te fue dado, recibe como creíste y si creyeras serás salvo, bueno usaremos esta información.

Puede que en tu formación te hicieron creer, que no puedes porque eres pequeño, muy alto, porque eres de otro lugar o porque perteneces aquí, y cosas como estas que la gente argumenta.

En mi experiencia, por ejemplo, crecí en una iglesia que se les enseña que las mujeres no predican y que el espíritu no habla, no creen en la liberación, la sanidad ni en lo sobrenatural. Su fe está anclada en lo que su fundadora argumentó y por consecuencia todos los que crean que sean salvos por la ley que se le fue dada a Moisés, eso se les enseña eso creen y nadie les hará cambiar.

Bueno, ¿cómo hice para salir de ahí? No voy a decir que fue fácil y que fue de la noche a la mañana, pero si voy a decirles que fue lo mejor que hice en toda mi vida. Descubrí que lo que creo tiene una gran influencia en mí, que me convierto en lo que creo, por siete años no querían hablar en lenguas.

Cada que el espíritu quería soltar mi lengua yo la sujetaba por qué creía que no debería de hacerlo, ya ministraba profetizaba y el espíritu me usa de manera sobrenatural y no es por presumir, sino por testificar el poder del espíritu, en mis creencias me sujetaban hasta que el señor me quebranto y un día deje de resistirme y me di cuenta de todo el beneficio que me había perdido por mi manera limitada de creer y desde entonces, trabajo con el espíritu para activar o alterar mis creencias.

Si recibo u obtengo solo lo que creo entonces trabajo en creer, en vez de luchar por tener algo que pienso que no puedo tenerlo activo el poder de mis creencias, en mi diálogo interno digo, yo creo, yo puedo, yo lo haré, hoy yo creo que no hay nada que yo crea que pueda hacer que no lo haga incluyendo aquellas que estaban bien arraigadas en mí.

Soy una mujer que predicó, ministró y profetizó el por qué cambié mi nivel de creencias a propósito, no fue producto de la casualidad es paso a paso, me esforcé y me programé creyéndole a Dios.

No fue fácil aceptar que el espíritu de Dios me guiaba a salirme de mi comodidad, de toda mi vida, en mi familia yo soy la única que he salido de creencias limitadas, me atreví a creerle a Dios y que bien que lo hice si no lo hubiese hecho el mundo se hubiese perdido una gran mujer de Dios. Hoy en día mi esposo y yo somos ministros principales de la iglesia y Unity Life Christian Church se imagina si no hubiese tomado el riesgo de cambiar mis creencias hoy estuviera sentada en la última banca de una iglesia, ocupando una silla más, decidí cambiar mis creencias y dejar que Dios sea quien dirija mi vida, ya que es él quien elige quien le sirva y no el hombre.

CAPÍTULO 41: EL PODER DE TU ESPÍRITU

Para hablar del poder del espíritu santo escribiría un libro entero hay tanto que decir de él su poder su gloria su favor sus manifestaciones sus dones sus características sus nombres sus siete espíritus no me alcanzaría es que de verdad tan grande, tan alto y ancho que nada será suficiente.

En este libro son diez pasos simples como un mapa que solo te guiará por la carretera y no pasa por cada ciudad dándote un paseo para que conozcas, sino que te lleva con dirección exacta así quiero que seas guiado con una dirección exacta hacia donde vamos que es a la activación sobrenatural en tu vida.

Llegó el momento de conectarse con la palabra dice que Dios no nos ha dado espíritu de cobardía sino de amor y poder dominio propio, esta promesa de poder es la garantía de Dios que nosotros podemos hacer lo él nos ha llamado hacer, el don del poder es la promesa de nuestro señor.

El don del espíritu es el regalo de Dios para poder, primeramente, ser testimonio efectivo. Esto significa que debemos estar totalmente comprometidos con Él, debemos ser de un solo pensamiento, de una sola decisión, entonces el hombre habla por el poder del santo espíritu, este lo lleva al corazón de los hijos de los hombres.

Entendemos que solo somos receptores, él hace que hablemos de parte de él, pero también nos persuade, nos convence de lo que estamos diciendo, y estamos hablando de parte de Dios a través de su santo espíritu y nosotros no creemos lo que estamos diciendo entonces estamos desconectados del espíritu que el espíritu nuestro y el espíritu de Dios es hecho uno en nosotros, y no puede haber dos sentires ni dos espíritus.

Es uno solo y él toma control, ya que él es nuestro y nosotros somos de él, para activar el poder de tu espíritu es necesario seguir paso a paso todas las indicaciones si dejar ninguna todas son de suma importancia y se necesitan todas, algunas te impactaron más que otras, pero todas son necesarias, encontrarás en ti cuál el más necesario para gozar de los privilegios y virtudes, la gran mayoría van por los dones o frutos.

Déjame dejarte claro que si el espíritu no está entonces los beneficios no están. Y si hay falta de perdón, él no permanece, ni sus beneficios, y recibiréis poder cuando haya venido sobre nosotros el espíritu santo. Hechos 1:8.

Los beneficios son cuando está en nosotros para guiarnos en tomar decisiones, nos protege del peligro físico y espiritual, se experimenta toda clase de manifestación, es tu consolador, te reconforta en el tiempo de la angustia o en esos momentos de soledad te acompaña. Te da fortaleza y te reanima. Solo tienes que pedirlo y te da la paz que sobrepasa a todo entendimiento te aclara todas tus dudas, te ilumina todos los caminos para qué alcanzas tu ideal, te da el don divino de perdonar y olvidar el mal que te hacen, y en todos los instantes de tu vida no se aparta de ti solo tienes que afirmarle en tu diálogo interno que le agradeces y que nunca quieres separarte de él por mayor que sea la ilusión material que se te presente en la vida, que él sea como un divino consolador, un dulce huésped de tu alma, para adorarlo, alabarlo, para amarlo y bendecirlo, entregarte a él, hoy de nuevo libre y espontáneamente.

Para que te posea, para que controle tus facultades y sentidos, te ilumine, te fortalezca, te consuele, te pacifiqué, y te bendiga, que te inunde de inteligencia de su luz celestial, para que conozcas su voluntad, en lo que puedes y debes hacer, lo que debes cambiar, modificar y transformar, y aceptar lo que no depende de ti cambiar, y dirigirte en todas los acontecimientos de tu vida, te da la fuerza de voluntad, para cumplir constantemente con tu deber, para que creas fielmente sus promesas.

Para que te regocijes siempre en su divina voluntad, te da la capacidad para afrontar los problemas y dificultades que se te presenten, y tienes fortaleza para luchar eficazmente contra el mal.

Para sacar las molestias y enfermedades y ser buenos, noble y paciente con todos. Le agradecemos por habernos llamado a ser cristianos, a conocerlo y amarlo y por infundir devoción a él, y recibir favor y gracia, y permaneciendo en su amor, vivir y obrar en unión.

Para hacer fructificar en ti los nueve dones, palabra de sabiduría, palabra de ciencia, fe, sanidad, milagros, profecía, discernimiento de espíritu, diversos géneros de lenguas, e interpretación de lenguas. 1 de Corintios 12. Se llaman dones porque nos son dados por el señor y se nos retienen hasta que demostramos por nuestra fidelidad la dignidad y deseo de aceptarlos y los nueve frutos.

Más el fruto, es amor, gozo, paz, longanimidad, benignidad, bondad, fe, mansedumbre, templanza, Gálatas 5:22-23

Son perfecciones que forman en las personas el espíritu santo como primicias de la gloria, eterna como tributos de una persona que vive en acuerdo con el espíritu.

CAPÍTULO 42: ALCANZANDO EL MÁXIMO POTENCIAL

Cuando hablamos del máximo potencial humano nos referimos entonces a la expresión plena de las capacidades físicas, mentales, sociales y espirituales de la persona, para entender esto mejor quiero dejar en claro que el enfoque principal será en lo espiritual, aunque no está de más mencionar que de lo espiritual depende todo lo demás.

Mi forma más fácil de entenderla en la vida es más simple de lo que creemos. Es como un árbol cuando tiene buenas raíces, su belleza y sus buenos frutos dependen de su raíz, aunque no se vean, son las que lo mantienen en belleza, la biblia dice que será como árbol plantado, junto a corrientes de aguas, que da su fruto a su tiempo y su hoja no se marchita y todo lo que hace próspera, Salmos 1:3 este es el hombre que cuida de lo que hace lo que se ve está alimentado por lo que no sé ve.

Los demás no ven tu espíritu, pero si bien lo que haces, cómo reaccionas, cómo te comportas, qué clase de vida llevas, si cumples con lo que hablas, y así sucesivamente, podría hacer larga la lista, pero prefiero ir al punto.

Cuando me refiero a alcanzar el máximo potencial de ti no me refiero hacer lo que otros hacen y compartir con todos los demás, al contrario, el reto es personal, y con uno mismo es estirarse, alcanzar lo máximo de ti, para escribir este libro tuve que estirarme al máximo, ya que estaba con muchas tareas y a la vez que estoy escribiendo estoy firmando las grabaciones para mis clases de inteligencia espiritual.

Creía que ya no tendría tiempo para hacer nada más es bastante trabajo una solo cosa y por si es poco eso Dios nos da un proyecto más, creo que este capítulo, lo estoy entendiendo mejor en el ejemplo, estoy segura de que si el espíritu, no estuviese conmigo, no lo alcanzaría, a terminar, y aunque él es mi mejor ayuda, requiere de mi esfuerzo, mi disposición y sobre todo mi máximo esfuerzo.

En todo lo que hagas haz todo lo que puedas sin excusas, sin pretextos, simplemente da lo mejor sin importar lo que otros hacen sin que te afecte si lo demás no se esfuerzan o no van contigo donde vas recuerda que entre más éxito tienes menos gente irá contigo, de igual manera toma la acción que muchos no quieren tomar.

CAPÍTULO 43: DE LO NATURAL A LO SOBRENATURAL

La gran mayoría de nosotros no discernimos con claridad esta palabra sobrenatural. Aunque ya lo expliqué anteriormente, lo recalco en este capítulo por aquellos que quieren aprender y quieren ir directo a este tema. sobrenatural, es un término usado para describir o referirse a los acontecimientos y fenómenos que exceden o están más allá de lo que se entiende como natural, o que se cree que existe fuera de las leyes de la naturaleza y el universo observable.

En el concepto bíblico lo sobrenatural es la obra de Dios por la que nos hace a través de su espíritu, más como Cristo, más compasivos, mansos, humildes, sinceros, sencillos, y misericordiosos. Aunque te parezca que esto no tiene nada de sobrenatural, déjame decirte que en estos tiempos tan difíciles para que uno pueda mantenerse, sencillo y humilde, es todo un acontecimiento.

- Lo natural: Es la acción que se adecúa al obrar de la naturaleza, se sobreentiende al hablar de la naturaleza que nos referimos a la naturaleza del universo material. Es todo aquello que está regido por las leyes de la naturaleza en todas sus formas.

- Preternatural: Fenómeno que procede del demonio o todo lo relacionado con espíritus demoníacos, sin importar el nombre o el rango, puede ser un principado o un o huestes de maldad. Es acontecimiento provocado por ellos

- Sobrenatural: Fenómeno que procede exclusivamente de Dios es la acción que va más allá de cualquier naturaleza creada, esta forma de obrar es solo propia del espíritu.

Caminar en lo sobrenatural, lo natural es la vista, lo que vemos, lo que está frente a nosotros, lo sobrenatural es la fe, esto le debe confirmar que nosotros no nos debemos mover por lo que vemos, no debemos enfocarnos en lo natural, en el problema o la situación difícil o la enfermedad, sino que debemos movernos por la fe que tenemos. El justo por fe y vivirá, Romanos 1:17, este es el principio para caminar en lo sobrenatural de Dios. Para poder caminar en lo sobrenatural, tenemos que aprender a ceder el paso al fluir del Espíritu

Porque el señor es el Espíritu 2 corintios 3:17

El espíritu tiene que ser el señor de nuestra vida, ello puede decir que tenemos que entregar el control absoluto de nuestra vida. Y debemos movernos en fe, solo de esta forma podemos agradar a Dios, debemos tener una vida de acción, de comunión permanente con el Espíritu, de esta forma disfrutaremos de su gracia, favor, virtudes y dones y pasamos de vivir en lo natural a lo sobrenatural

CAPÍTULO 44: SÉ EXTRAORDINARIO

Que es mayor o mejor que lo ordinario, sale del orden o regla general o su sede rara vez, esto es un significado común.

Lo que muy pocas veces nos enseñan es cómo salir de lo común, cómo dejar de ser ordinarios y tener ese extra. Es simplemente ser distintos, diferentes, brillar con luz propia que nos permite ser únicos.

Que tengamos la habilidad de sobreponernos, a las dificultades que la vida se nos presenta, y transformamos las situaciones difíciles que nos ha sucedido nuestras vidas para infectar a otros.

Como ejemplo para que ellos también puedan salir de cualquier situación que estén cruzando, es frecuente y su ser y cuentan sucesos o se queda viviendo en sus etapas de sufrimiento y pareciera que no hacen nada para salir de ellos esperan que los demás hagan por ello lo que ni ellos mismos están dispuestos a hacer cuando tomamos la decisión de superarnos de tomar los problemas como lecciones de la vida, para fortalecernos para tener experiencia nos convertimos en extraordinarios porque destacamos nuestras habilidades y buenas cualidades, a base de esfuerzo y sacrificio con empeño con deseo con coraje con impulso y con todas nuestras fuerzas para salir de cualquier situación o llegar a la meta que nos hemos propuesto.

Ser extraordinario no solamente se refiere a ser mejor muchos se creen mejor y realmente no son extraordinarios porque el ser mejor en esta ocasión no lo sé no solo se trata de ser el mejor sino mejor hoy que ayer y mañana mejor que hoy de nosotros mismos alcanzando cada día una a la vez una meta deseo un anhelo, pero ser perseverantes, trabajar con perseverancia para alcanzar lo que no se me preocupe ir una milla extra como nos dijo el señor es su Cristo si alguien toma de ti prestado dale el perdón si alguien quiere obligarte a caminar una milla ve con el dos eso es cero extraordinario cuando hacemos más de lo que deberíamos de hacer cuando nos esforzamos el doble para hacer diferentes no porque queremos ser mejor que los demás sino porque lo mejor que está dentro de nosotros florece es imposible ocultar lo que tenemos por dentro.

Cuando dentro de nosotros hay un ser extraordinario como el espíritu de amor, de poder y autoridad y dominio propio, sobresale por más queramos ocultarlo es imposible él siempre nos hace hacer más y aunque no queramos salir el espíritu que está dentro de nosotros sobresale dondequiera que estemos dondequiera que andemos y sin importar alrededor de quien estemos.

Porque no nos ha dado Dios espíritu de cobardía, sino de poder, de amor y de dominio propio. 2 Timoteo 1:7.

La gran mayoría de nosotros nos hemos esforzado por ese extra que todo ser humano busca, ya sea para ser extraordinario, bueno o malo, ya que es un deseo del corazón del hombre siempre ser mejor y hemos buscado fuera de nosotros el secreto para lograrlo, pero hoy aquí, en el último capítulo del paso 10, el secreto, el Espíritu Santo de poder es el que nos da lo extra que necesitamos para sobrepasar toda prueba, dificultad, problema, enfermedad o lograr nuestras metas o proyectos que tengamos en la vida.

Como una idea clara de lo que es ser extraordinario nos damos cuenta de que todos podemos ser extraordinarios. Algunas de las características que nos identifican, son un plan de trabajo claro, muy focalizado y una clara definición. Es capaz de superarse a sí mismo muchas veces, mantiene una actitud positiva, hay una autocrítica fuerte, pero no se paralizan ni se detienen. Sino que se renueva y fortalece, no claudica, sabe superar a sus mentores, soportan la envidia, hay un alto nivel de compromiso y muchas veces viajan solos, no siempre van en equipo, pero logran motivar a otros y sumarlos a su proyecto o causa.

Reconocen que todo tiene un precio y están dispuestos a pagarlo para llegar a su ideal. reconocen que la soledad a veces es parte del crecimiento, la incomprensión y rechazo social, inclusive en muchas ocasiones hasta la separación de sus familias, pero hay una inversión de tiempo importante.

Por lo tanto, en el diseño de la actividad no están dispuestos a negociarlo, desarrollamos el carácter y aprendemos rápidamente a nuestra resiliencia o a transmutar. El dolor convirtiéndolo en fuerza positiva que nos lleve a obtener el objetivo. Para concluir este libro y activar en ti, el poder sobrenatural de su espíritu abre tu corazón y dilo en voz alta, espíritu, llena mi vida, te abro mi corazón para que te quedes conmigo y me dirijas de la mano encaminar en tu propósito y activar todos los días tu poder y continuar dando los pasos que me mantienen en ti, para vivir en lo sobrenatural y ser extraordinario.

REDES SOCIALES

DR. ROSA ROMERO

FACEBOOK

YOUTUBE

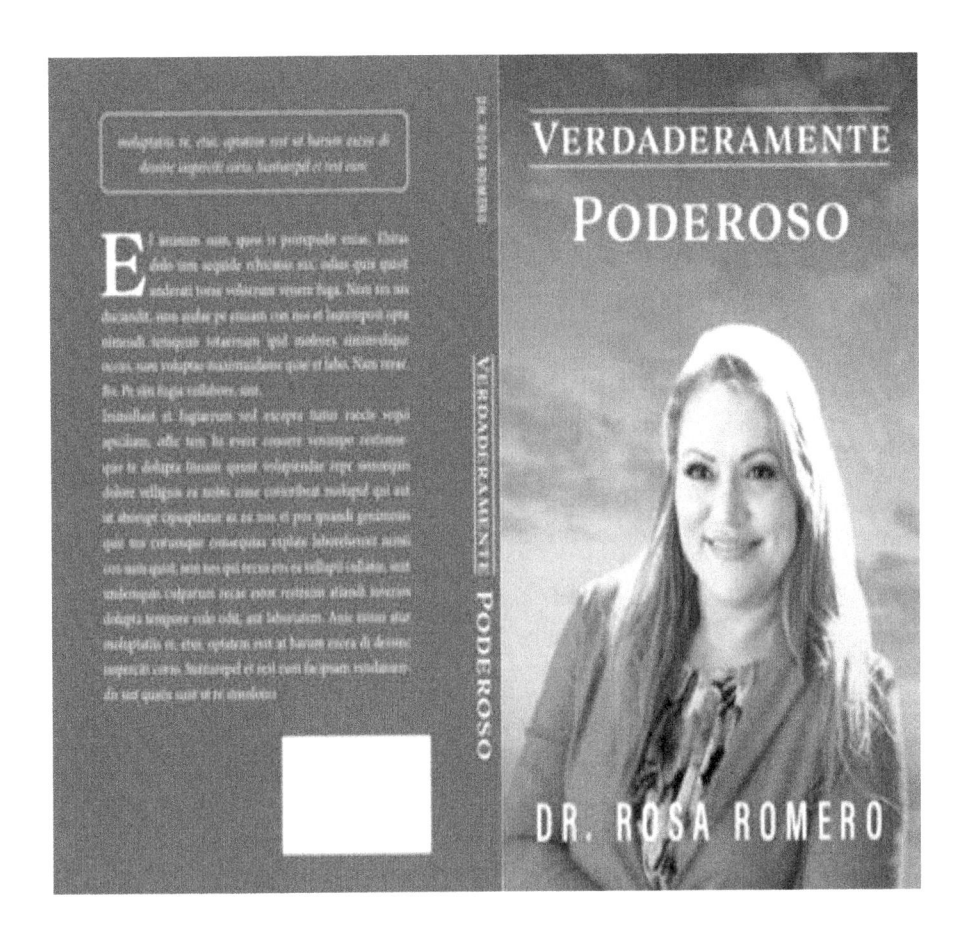

*Te invito a leer mi anterior libro
"Verdaderamente poderoso"*

DR. ROSA ROMERO

Made in the USA
Middletown, DE
07 April 2023